Ted Aschenbrandt / Mike Ruckschatt

SMOKER
P R A X I S
TECHNIK · WARTUNG · NEUE REZEPTE

HEEL

Ted Aschenbrandt / Mike Ruckschatt

SMOKER PRAXIS

TECHNIK · WARTUNG · NEUE REZEPTE

HEEL

VOM ROHR

ZUM SMOKER ...

IMPRESSUM

HEEL Verlag GmbH
Gut Pottscheidt
53639 Königswinter
Tel.: 0 22 23 92 30-0
Fax: 0 22 23 92 30-13
E-Mail: info@heel-verlag.de
Internet: www.heel-verlag.de

© 2012 by HEEL Verlag GmbH
2. Auflage 2013

Satz und Gestaltung: Claudia Renierkens, renierkens kommunikations-design, Köln
Fotos: Thomas Schultze © Heel Verlag, Seite 4 & 5 Mike Ruckschatt © RUMO BBQ
Texte: Ted Aschenbrandt
Projektleitung: Christine Birnbaum

Der Rezeptteil des Buches wurde nach bestem Wissen und Gewissen verfasst. Weder der Verlag noch der Autor tragen die Verantwortung für ungewollte Reaktionen oder Beeinträchtigungen, die aus der Verarbeitung der Zutaten entstehen.

Printed in Slovakia

ISBN 978-3-86852-614-1

Inhalt

Vorwort   10

Einleitung

Ist Smoken dasselbe wie Räuchern?   12

Geschichte   14

Feuer frei   16

Anfeuern mit Holz   18

Anfeuern mit Kohle   21

Heiße Luft   25

Funktionsweise eines Offsetsmokers   25

Totale Kontrolle   29

Spezialfälle   34

    - Cateringsystem   34

    - Reverseflow   39

Stählerne Schönheiten   44

Halfbarrel   46

Sloppy Joe   47

16 Zoll Tradition   48

16 Zoll Special   49

16 Zoll Longhorn   51

16 Zoll Reverseflow   52

20 Zoll Championship Longhorn   53

20 Zoll Chuckwagon Catering   54

16 Zoll Chuckwagon   55

When there's smoke, there's fire   60

Holz, Beschaffenheit, Arten, Eigenschaften   63

Ungeeignetes Holz   65

Kohle und Briketts   66

Chips und Chunks   68

Pellets   69

Zubehör   **70**

Smokerspezifisches Zubehör   73

  - Convection Plate   73

  - Mangrate   75

  - Schwenkarm   76

  - Kochplatte   77

  - Deckelhalter   78

  - Kohleeinsatz   79

  - Kochplatteneinsatz   80

  - Schürhaken   81

  - Minion-Kohleeinsatz   82

  - Kalträucherzubehör   83

  - Edelstahlarbeitstisch   84

  - Laufflächen aus Gummi   85

  - Abdeckhaube   86

Allgemeines Zubehör   87

  - Messbecher   87

  - Thermometer   88

  - Mopps und Spritzen   89

  - Halter/Racks   90

  - Zangen, Wender und mehr   92

  - Schutz und Pflege   93

Reinigung, Wartung und Pflege   **94**

Wartung und Pflege   96

  - „Baustellen"   98

Reinigung   112

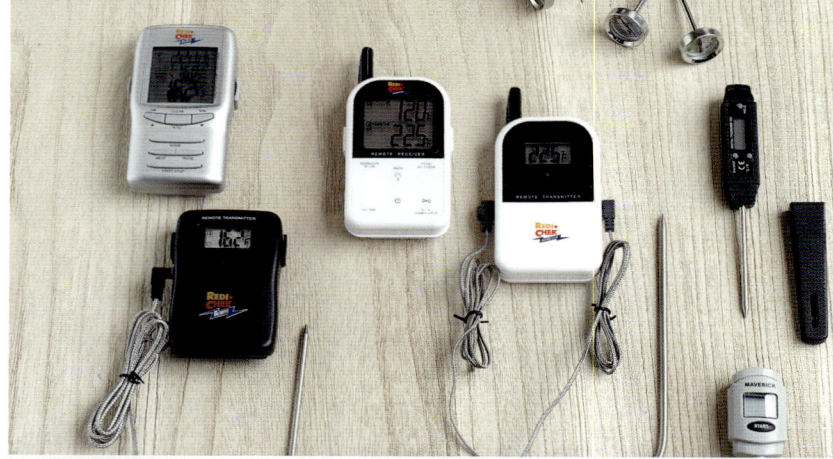

Rezepte   **116**

Schwein   **118**
- Classic North Carolinian Pulled Pork   118
- Kalua Pig   120
- Kochschinken gesmokt   122
- Ribs mit Senfkruste   123
- Wacholder Babybacks   123
- Aloha State Ribs   124
- Schweinefilet aus dem Apfelrauch   126

Rind   **128**
- Beer Brisket   128
- Brisket mit Lorbeer und Knoblauch   129
- Cola Flanksteak   130
- Smoked Beef Ribs   132
- Smoked London Broil   133
- Tri Tip   133
- Smoked Rolled Roastbeef   134

Geflügel   **136**
- Hot & Sweet Chicken Wings   136
- Brined Dragon Drumsticks   138

Beilagen   **141**
- Texas Kaviar   141
- Smoked Rice Pilaf   141
- Gefüllte Zwiebeln   142
- Homemade Smoky Almonds   144
- Crusty Mac'n Cheese   146
- Chilibeans   147
- Classic Coleslaw   148

Desserts   **150**
- Chocolate Cupcake   150
- Pfirsich Cobbler   152
- Chocolate Crust   152
- Pancake mit Blaubeeren   153
- American Cheesecake   154
- Cinnamon Rolls   156
- Beeriger Brotpudding   157
- Buttermilch Pie   157

Eigentlich sind meine Eltern Schuld – aber sind Eltern das nicht irgendwie immer? Sie haben mich nach der Devise erzogen *„Man muss nicht alles mögen, aber man sollte alles probieren."* Kein Wunder also, dass ich schon früh mit nicht ganz alltäglichen und auch außergewöhnlichen Lebensmitteln und deren Zubereitung in Kontakt gekommen bin. Gutes, qualitativ hochwertiges Essen war also schon immer ein ganz zentrales Thema in meinem Leben – und deshalb auch immer wesentlich mehr als nur der nötige „Treibstoff". Der Weg ist ja bekanntlich oft das Ziel und die Zubereitung und das Experimentieren mit Garmethoden und Rezepten ist für mich mindestens genauso interessant wie das Ergebnis selbst. Wie ein Angler, der die gefangenen Fische wieder zurückwirft, ertappe ich mich oft dabei, Freunde und Bekannte zum Grillen und Smoken einzuladen, nur um zu Grillen und zu Smoken ...

Durch etliche erfolgreiche Teilnahmen an deutschen Grillmeisterschaften war der Schritt vom Hobbygrillen und -kochen zur professionellen Arbeit mit Grill und Smoker nicht nur ein kleiner – er war fast unausweichlich. Schon bald war ich in der überaus glücklichen Situation, mit meiner bereits seit Kindertagen gepflegten und gelebten Passion meinen Lebensunterhalt zu bestreiten. Die Zeit war reif, aus meiner Berufung den Beruf zu machen, der Schritt in die Selbständigkeit war die Folge, ich gründete die Firma „Teds BBQ".

Heute gebe ich etwa 150 Grill- und Smokerseminare pro Jahr, biete Caterings an, grille für namhafte Firmen auf Messen und anderen

Events und veröffentliche regelmä-
ßig Fachbücher zu dem, was mir am
Herzen liegt: Die Zubereitung hochwertiger Lebensmittel auf Grill und
Smoker.

Mein Geschäftspartner und Freund
Mike Ruckschatt entwickelt und pro-
duziert seit zwei Jahrzehnten für
seine Firma RUMO BBQ Smoker und
Smokerzubehör. Er importiert BBQ-
Artikel und -Saucen aus den USA
und tüftelt ständig an Neuerungen
und Verbesserungen seiner Geräte,
die von der Mosel aus als JOE'S
BARBEQUE Smoker® in die ganze
Welt verschickt werden.

Entstanden ist das vorliegende Buch
aus eben dieser Verbindung von
Griller und Grillhersteller und dem
Wunsch heraus, der vielfach an mich
herangetragen wurde: „Dein erstes
Smoker-Buch war super, aber wir
wollen noch mehr wissen über die
Technik und die Handhabung unse-
res Smokers."

Das, was nun folgt beschäftigt sich
daher auch ausschließlich mit Off-
setsmokern in den verschiedenen
Variationen und erklärt deren unterschiedliche Bauarten und Funk-
tionsweisen. Es versteht sich als Ein-
bzw. Anleitung in die Smokerei mit
den schweren und massiven „Loko-
motiven", wie sie wegen des Kamins
auch oft genannt werden. Wer dieses Buch liest, wird seinen Smoker
besser verstehen und Probleme wie
Anfeuern und Temperaturstabilität
werden der Vergangenheit ange-
hören.

Keep the fire burning!

Ted Aschenbrandt

Ist Smoken dasselbe wie Räuchern?

Stellt man in Deutschland einem Nicht-BBQer die Frage, was er mit dem Thema Räuchern oder generell der Verbindung Rauch und Nahrungsmittel anfangen kann, kommt nach kurzer Überlegung meist folgende Antwort:

„Ah, Räuchern. Schwarzwälder Schinken, Mettwürste, Schillerlocken und Fisch im Allgemeinen fallen mir dazu ein ... lecker!"

Stellt man jemandem, der gerne grillt und sich schon etwas mehr mit dem Thema BBQ befasst hat, die gleiche Frage, klingt die Antwort oft so – inklusive eines verklärten Blicks:

„Ah, Smoken. Große Fleischstücke, BBQ, Feuer, Stahl und Rauch. Ribs, Pulled Pork, Brisket und alles, was man noch so auf einem Smoker machen kann, fallen mir dazu ein ... lecker!

Eine Frage also und zwei inhaltlich völlig verschiedene Antworten – wie kann das sein? Der Begriff „Smoken" von „to smoke" ist zwar sprachlich mit „räuchern" richtig übersetzt, bezeichnet das Räuchern im herkömmlichen Sinn aber nur in kleinen Teilen. Es ist durchaus möglich, in einem BBQ-Smoker klassisches Kalt- oder Heißräuchern zu betreiben, den Großteil der Anwendungen eines Smokers macht allerdings das klassische BBQ aus. Darunter versteht man das Garen bei relativ niedriger Temperatur – bei etwa 110 °C – mit der Zugabe von Rauch als Geschmackskomponente.

Möchte man sich näher mit dieser urtümlichen Art der Nahrungszubereitung beschäftigen, braucht man natürlich das entsprechende Gerät. Der Klassiker ist dafür schlechthin der sogenannte Offset- oder Barrelsmoker. Aus dickwandigem Stahl gefertigt und deshalb fast unzerstörbar, ist ein solches Gerät eine Anschaffung fürs Leben. Er eröffnet dem Besitzer die Möglichkeit, eine riesige Palette von Gerichten zuzubereiten.

Aber welche Smoker gibt es, welcher ist der richtige für mich und, am wichtigsten, wie ist er zu bedienen, zu regeln, zu reinigen und zu pflegen?

Dieses Buch soll Aufschluss über die geläufigsten Bauarten und deren Abwandlungen geben und einen Überblick über das wichtigste Zubehör und die technischen Daten vermitteln.

Für einen Barrelsmoker kann es keine Anleitung geben wie für einen Elektrobackofen, dafür sind zu viele Faktoren zu unterschiedlich. Wir arbeiten mit Holz (das schon von sich aus immer anders abbrennt, in Abhängigkeit von Faktoren wie z. B. der Sorte und der Restfeuchte) und immer draußen, sind also stets wetterabhängig (ein Smoker arbeitet im Sonnenschein ganz anders als bei Regen oder Wind).

So versteht sich dieses Buch als Leitfaden zur Aneignung der Grundlagen. Wenn man diese befolgt und selbst Erfahrungen sammelt, wird man mit seinem Smoker glücklich zusammen alt und erlebt viele entspannte gemeinsame Stunden.

BBQ – wo kommt es her

Nach den Ursprüngen des BBQ gefragt, lautet die erste Antwort sicherlich: aus den USA. Und da diese von Osten her besiedelt wurden, sind hier auch die Wurzeln des BBQ zu finden.

Um die Plantagenarbeiter satt zu bekommen, spannte man anfangs ganze Schweine auf Äste und hing sie zum Garen über mit Kohle gefüllte Gruben. Dort garten sie solange, bis man das Fleisch ohne viel Werkzeug von den Knochen lösen konnte.

Später wurden die Erdgruben durch gemauerte „Whole Hog Cooker" ersetzt, in denen man, wie der Name schon vermuten lässt, ganze Schweine am Stück bei niedriger Temperatur zubereiten konnte. Da diese „Öfen" aus Mauersteinen bestanden und mit Holz befeuert wurden, also auch Rauch mit im Spiel war, wurden sie schnell „Bricksmoker" genannt. Sie stellen sogar heutzutage immer noch eine beliebte und in den authentischen Restaurants der typischen BBQ-States eine häufig anzutreffende Methode des ursprünglichen BBQ dar.

Unter traditionellem BBQ versteht man hier übrigens nichts anderes als Schweinefleisch, weich gegart und in kleine Fetzen gezupft (pulled), mit dem Messer grob zerkleinert (chopped) oder in Scheiben geschnitten (sliced).

Westwärts

Die Besiedelung des nordamerikanischen Kontinents machte große Fortschritte und immer mehr Menschen wanderten in Richtung Westen. Viele Siedler brauchten auch viel Nahrung und natürlich spielte Fleisch dabei keine unwichtige Rolle. Schnell entdeckte man, dass der Westen über ein ganz anderes Landschaftsbild verfügt als der Osten. War der Osten für die meisten europäischen Auswanderer fast „wie Zuhause", gab es im Mittleren Westen gigantische Grasflächen, Prärien und Steppen. Büffelherden lebten hier völlig frei in einem schier unerschöpflichen, natürlichen Nahrungsangebot. Damit musste sich etwas anfangen lassen und die Stunde der Rinderherden war gekommen. In diesem Teil der jungen USA begann nun das Rind dem Schwein als Hauptfleischlieferant seine Rolle abzunehmen. Viehtriebe von riesigen Rinderherden, Viehverladestationen und Vertreter des gerade entstandenen Berufs „Cowboy" prägten allerorts das Bild. Eine unvorstellbare Fleischindustrie geriet ins Rollen.

Beef to go

Die Fleischversorgung in den neuen Gebieten änderte sich also, nicht aber die von der Ostküste mitgebrachten Metzgertraditionen. Also mauerten die jetzt auch im Westen niedergelassenen Fleischer wieder ihre altbewährten Bricksmoker, beluden sie aber nicht mehr mit Schweinen, sondern mit Teilen vom Rind. Schnell stellte sich heraus, dass die Fett- und bindegewebehaltigen Teilstücke, genau wie beim Schwein, am meisten Geschmack besitzen und so wurden z. B. Brisket, also Rinderbrust, und Beefribs im Westen zu den Klsssikern für den Smoker schlechthin.

Trockenfleisch war einigen Metzgern ja schon bekannt und so versuchten sie sich auch hier am Trocknen von Rindfleischstücken. Diese wurden zusätzlich mit Essig behandelt, also darin eingelegt, gewürzt und dann langsam bei wenig Hitze getrocknet. Für die Cowboys, die oft tagelang unterwegs waren, ohne kochen zu können, war dieses „Beef Jerky" ein idealer Weg, um an Fleisch zu kommen und ist auch heutzutage noch ein beliebter Snack, der mittlerweile selbst hierzulande erhältlich ist. Oder natürlich auf dem eigenen Smoker selbst zu machen ...

Ölwirtschaft + Rindfleisch = do it yourself!

Hört man Texas, denkt man an Cowboys, also können die Rindviecher auch nicht weit sein. Und die zweite Assoziation ist natürlich das Öl.

Im Jahr 1900 zählten die Behörden in den USA rund 9.000 registrierte Automobile, bereits 12 Jahre später hatte sich die Zahl auf 900.000 verhundertfacht. Diese brauchten natürlich massenhaft Treibstoff und als dessen Grundlage benötigt man wiederum Erdöl.

Im Januar 1902 wurde in Beaumont/Texas ein Ölfeld der Superlative erschlossen: Das sogenannte Spindletop Ölfeld lieferte schon bei der ersten Bohrung so viel Öl wie alle bisherigen Vorkommen zusammen und bereits im ersten Jahr nach der Erschließung tummelten sich 440 Ölförderbrunnen über diesem riesigen Vorkommen.

Was aber hat das alles mit Smokern zu tun? Will man große Mengen an Öl bewegen, braucht man Barrels und Pipelines, also Ölfässer und Rohrleitungen aus Stahl und selbstverständlich Männer, die diese verlegen. Es gab also Ölfässer, Stahlrohre, Rinderherden und hungrige Ölarbeiter und mit etwas Erfindergeist war der Weg zum klassischen Ölarbeitergrill, gebaut aus einem halben Ölfass, nicht mehr besonders weit.

Die ersten dieser Grills waren also die sogenannten Half Barrels, längs halbierte Fässer, auf denen man mithilfe von Grillrost und Kohle schon sehr gut Steaks und Kurzgebratenes grillen konnte.

Für diejenigen Teilstücke, die größer waren und deshalb eine lange Garzeit in Anspruch nahmen, wurden Stahlrohre so aneinandergeschweißt, dass mit indirekter Hitze, also wie in einem gemauerten Bricksmoker, gearbeitet werden konnte. Aus demselben Rohr wurden noch zwei Ringe geschnitten, mit Speichen und Nabe versehen, die mit entsprechendem Gestell als Räder dienten. Der Smoker wurde mobil.

FEUER FREI

Feuer frei!

Wenn der Smoker arbeiten soll, dann muss er heiß sein. Egal auf welche Art, ob mit Kohle oder Holz, am Anfang der Smokersession steht immer das Anfeuern. Vorausgesetzt, man hat genügend trockenes Holz oder Kohlen, ist es ganz leicht, den Smoker auf Temperatur zu bringen. Der richtige und einfachste Weg für beide Brennstoffarten soll hier beschrieben werden.

Anfeuern mit Holz:

1

Der erste Schritt zum Feuer sind die Anzünder, ohne sie geht gar nichts. Hier finden vier in Wachs getränkte Holzwolleknäuel Platz auf dem Feuerrost. Dieser ist Pflicht und darf nicht herausgenommen werden, das Feuer bekäme sonst von unten keine Luft. Sollte der Feuerrost zu grobmaschig sein und die Anzünder hindurchfallen, kann ein flaches, dünnes Holzscheit als Unterlage genutzt werden.

2

Über den Anzündern wird als nächstes ein Dach aus Scheiten errichtet, die ebenfalls von Scheiten getragen werden, die neben den Anzündern auf dem Feuerrost liegen. Für das Dach sollte man stets dünn gespaltene Holzscheite verwenden, diese brennen schneller an, verhindern so eine übermäßige Qualmbildung und sorgen für ein schnelles Feuer. Falls vorhanden, kann man hier auch sehr gut dünnes Nadelholz verwenden, also das klassische Anfeuerholz für Kamine, so wie es in Baumärkten erhältlich ist.

3

Mit einem langen Streichholz, einem Stabfeuerzeug oder wie hier mit einem brennenden Stück Holz kann nun Feuer in den „Dachstuhl" gelegt werden.

4

Nach wenigen Sekunden schlagen die Flammen nach oben und jetzt wird deutlich, warum man für diesen Anzündvorgang am besten einen Anzünder „mit Verlängerung" verwendet.

5

Je dünner die Scheite, umso schneller entfacht das Feuer. Zwischen diesen beiden Bildern …

6

... liegt etwa eine Minute. An der Flammenbildung kann man schön sehen, wie gut das Feuer zieht. Die Flammen schießen förmlich durch die dünnen Scheite nach oben. Durch die enorme Hitze und die dadurch gewährleistete saubere Verbrennung entsteht bei dieser Methode sehr wenig Qualm.

7

Nach kurzer Zeit hat sich das erste heftige Auflodern beruhigt, das Feuer ist zum Teil schon heruntergebrannt und es bildet sich langsam ein schönes Glutbett. Der Deckel der Sidefirebox war bis zu diesem Zeitpunkt immer geöffnet.

8

Nachdem die Grundhitze erreicht ist, können jetzt nach und nach dickere Scheite in die entstandene Glut gelegt werden. Diese sorgen ab jetzt für die richtige Hitze im Smoker. Wie viel und wie oft nachgelegt wird, hängt natürlich davon ab, welche Temperatur im Pit herrschen soll. Von jetzt an kann auch der Deckel der Firebox geschlossen werden oder wie hier mit einem Deckelhalter bedient und reguliert werden.

Anfeuern mit Kohle:

1

Zum Betreiben eines Smokers mit Kohle, hier mit Holzkohle statt Grillbriketts, verwendet man am besten einen Holzkohleeinsatz. Dieser verhindert ein Durchfallen der kleineren Kohlestücke durch den Feuerrost und sorgt für Belüftung von unten.

Hier wird ein Anzündkamin benutzt, die einfachste Methode, um Kohle anzuzünden. Der Anzünder wird auf den Holzkohleeinsatz gelegt und gezündet. Jetzt wird der gefüllte Kamin auf die Flamme gestellt. Das war's, einfacher geht es kaum.

2

Die Flammen der Anzünder bringen die Kohlen auf dem Boden des Kamins zum Glühen und die entstehende heiße Luft steigt nach oben. Diesen Vorgang nennt man Kaminzugeffekt und er spielt auch beim Smoken an sich eine große Rolle. Die aufsteigende Luft zieht sauerstoffreiche, kalte Luft nach und diese facht die Glut an. So kann sich das Glutnest bis nach oben zur Oberfläche „durchfressen". Der Qualm wie auf dem Bild zu sehen, ist nur solange da, wie die Anzünder brennen. Danach glüht der Kamin nahezu qualmfrei durch.

3

Nach etwa 10 Minuten hat der Kamin aufgehört zu qualmen und die Kohle ist etwas zusammengesackt. Durch die Löcher in den Kaminseiten kann man jetzt schon deutlich die Glut erkennen.

5

Obwohl der Kamin über einen hitzeisolierten Griff verfügt, sollte er zum Schutz vor Verbrennungen immer mit Grillhandschuhen benutzt werden. Der zweite Bügelgriff dient dem sicheren Handling. Dieser Kamin fasst rund vier Kilo Briketts, deshalb ist sichere Kontrolle natürlich wichtig.

4

Das Glutnest ist oben angekommen und die oben liegenden Kohlenstücke sind zum Teil schon mit einer Ascheschicht überzogen. Im Inneren des Kamins, also im Kern der Glut, herrschen jetzt, je nach Kohlesorte, bis zu 1000 °C und die Kohle kann nun in den Kohleeinsatz ausgeleert werden.

6

Perfekte Glut!

Nach etwa 20 Minuten (bei Briketts nach etwa 45 Minuten) sind die Kohlen komplett durchgeglüht und werden ausgeschüttet. Gut zu sehen sind hier die Luftlöcher im Boden des Kohleeinsatzes. Ohne sie würden die Kohlen keine Luft bekommen und wesentlich weniger Hitze erzeugen.

7

Sobald die Kohlen gleichmäßig verteilt sind, bringen sie den Smoker auf konstante Temperatur. Wird auf die angeschweißten Stege in der Firebox jetzt ein Rost aufgelegt, kann man nun sofort – wie in einem herkömmlichen Kohlegrill – direkt über der Kohle grillen. Wenn der Smoker allerdings ganz normal als Smoker genutzt werden soll, muss man noch warten, bis der Pit die erforderliche Temperatur hat. Im Unterschied zum Betrieb mit Holz fehlt hier natürlich der Rauch.

8

Dieser kann aber leicht mit Chips, Chunks oder Pellets erzeugt werden, siehe Seite 68 und 69.

Hier werden gewässerte, abgetropfte Kirschbaumchips verwendet. Wären sie nicht gewässert, würden sie zwar schön sauber verbrennen, aber keinen Rauch erzeugen.

9

Die Chips werden einfach über die Glut gestreut, wenn der Smoker Betriebstemperatur hat. Je nachdem, wie viel man verwendet, kann man die Rauchbildung und damit den Rauchgeschmack gut dosieren. Deshalb gilt: Lieber noch einmal Chips nachlegen, als von Beginn an zu viele zu nehmen.

10

Nach wenigen Sekunden bildet sich dichter, würziger Rauch, der dem Fleisch das für Smokergerichte typische Aroma verleiht. Jetzt kann der Fireboxdeckel geschlossen und das Fleisch aufgelegt werden.

Funktionsweise eines Offsetsmokers

Beim Verwenden eines Offsetsmokers dreht sich fast alles um Luftzug, Kaminzugeffekt und Konvektion. Anders als bei einem Grill oder Bulletsmoker, wo sich die Hitzequelle im Garraum selbst befindet, liegt diese bei einem Offsetsmoker in einer Extrakammer, der Sidefirebox. Öffnet man den Pit, spürt man zwar die Wärme, die einem entgegenschlägt, die Glut oder das Feuer in der Firebox sind aber nicht zu sehen.

Irgendwie muss die heiße Luft aber schließlich aus der Firebox in den Pit kommen. Beim normalen Grill steigt sie nur nach oben auf und erreicht so automatisch das Grillgut, beim Smoker muss sie durch den Luftzug nicht nach oben, sondern zunächst seitwärts in den Pit gelangen. Dies geschieht über den Abzug, den Teil des Smokers, der sich bei herkömmlichen Smokern am weitesten von der Hitzequelle entfernt befindet.

Der Abzug an einem 16 Zoll Tradition von außen.

Das massive Rohr muss warm sein, damit die heiße Luft nach oben abziehen kann. Damit es bei Wind und Wetter nicht so schnell abkühlt, ist es aus 4 mm dickem Rohr gefertigt.

Durch den Blick von innen wird deutlich: Die heiße Luft zieht am Gargut vorbei und verlässt hier den Pit. Sie wird förmlich abgesaugt und zieht Frischluft nach.

Ob die Bezeichnung jetzt Kamin, Rauchrohr, Stack oder Abzug heißt, ist völlig egal, die Funktion ist immer dieselbe:

Die im Stack befindliche, warme Luft steigt nach oben und verlässt den Smoker. Wenn Luft den Smoker verlässt, muss von irgendwoher frische Luft nachströmen, und da bei einem guten und wertigen Smoker die Klappen von Cooking Stack, Pit und Firebox dicht schließen, gibt es nur eine Stelle, wo Frischluft in das System gelangen kann.

Diese Stelle ist die Zuluftöffnung der Firebox, normalerweise ganz rechts am Smoker zu finden und immer durch einen Lüftungsschieber zu regeln.

Lüftungsschieber am 16 Zoll-Gerät, hier halboffen. Auch, wenn das Feuer in der Firebox klein ist, sollte er immer mit einem Werkzeug, z. B. einer Grillzange oder Handschuhen, bedient werden.

Die hier eingesaugte Frischluft versorgt zunächst das Feuer oder die Glut mit Sauerstoff und hält es am Brennen, bzw. Glühen. Die dann verbrauchte, sauerstoffarme Luft wird jetzt vom Luftstrom durch die Übergangsöffnung von Firebox zu Pit weiter in denselben transportiert, wo sie beim Vorbeifließen, quasi nebenbei, noch das Fleisch (oder was auch immer im Pit liegt) gart.

Schließlich, schon etwas abgekühlt, aber immer noch heiß, geht es entweder durch Kamin oder Cooking Stack nach draußen. Frische Luft wird nachgezogen und der Kreislauf schließt sich.

Dieselbe Einstellung, derselbe Smoker, kurz nach dem vorigen Bild. Der Lüfter ist voll geöffnet und man kann den Rauch sehen. Er tritt aber jetzt nicht durch den Lüfter aus, sondern wird nach innen gesaugt. Voraussetzung dafür …

Hinter dem geschlossenen Lüfter brennt ein Feuer und der Smoker ist auf Betriebstemperatur. Bleibt er noch länger zu, geht das Feuer aus und es entsteht mehr Rauch im Inneren.

… ist ein gut vorgeheizter Kamin, in dem die erhitzte Luft aufsteigen kann. Der Smoker zieht wieder Sauerstoff nach, der Rauch fließt ab, das Feuer facht erneut an und die Temperatur im Pit steigt an.

Der Kamin saugt also förmlich die Luft durch den Smoker, und wenn er nicht heiß oder zumindest warm ist, ist eine saubere Verbrennung und damit ein optimaler Luftzug erst gar nicht möglich.

EIN KALTER SMOKER KANN NICHT FUNKTIONIEREN!

Einen großen 20- oder 24 Zoll Cateringsmoker so vorzuheizen, dass er einwandfrei zieht und die heiße Luft nur noch durch den Stack entweicht, kann je nach Außentemperatur schon mal 2 Stunden dauern. Je kleiner der Smoker, desto kürzer die Vorheizzeit.

Da sich die erhitzte Luft immer den schnellsten Weg nach draußen sucht, erkennt man einen betriebsbereiten Smoker immer sehr gut daran, dass er nicht aus der Firebox qualmt. Das würde er nur, wenn der Kamin noch nicht warm genug ist und der Luftstrom durch den Smoker noch nicht gegeben ist.

Die Klappen von Pit und Firebox sollten also möglichst dicht schließen, nicht weil dort Rauch austreten kann, sondern, weil der Smoker Fremdluft zieht. Luft, die nicht durch die Firebox geht, Luft, die man nicht regeln kann und die das Feuer, bzw. die Glut nicht mit Sauerstoff versorgt.

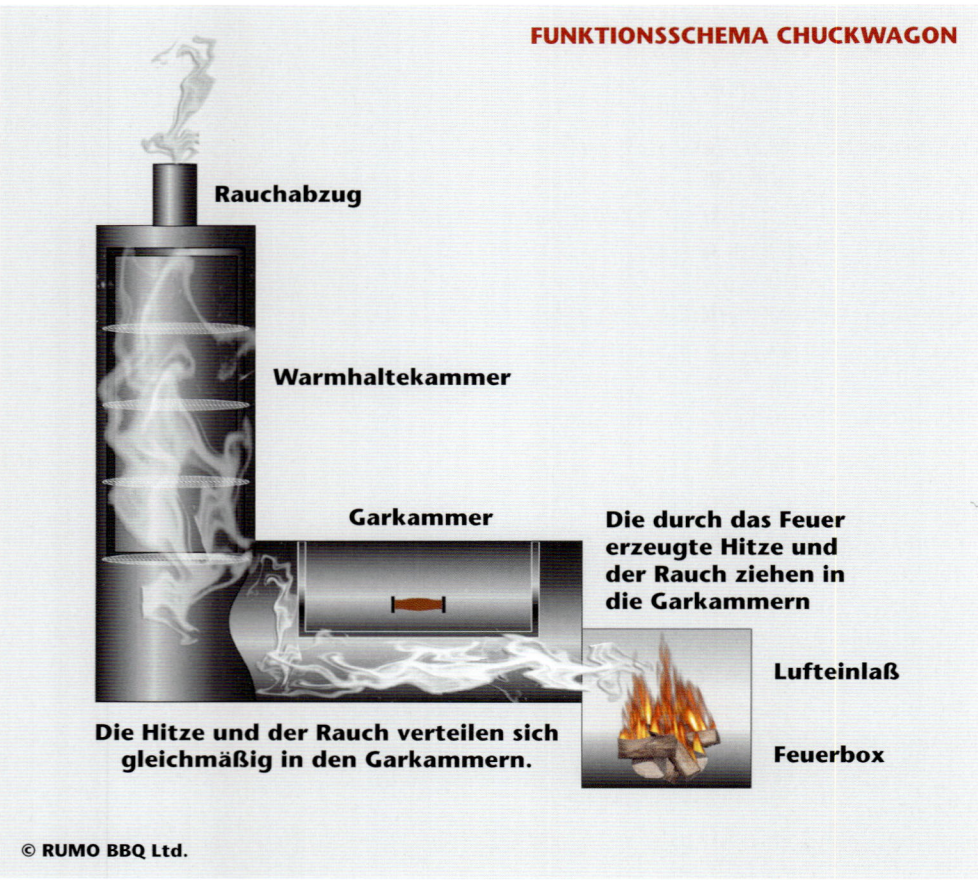

FUNKTIONSSCHEMA CHUCKWAGON

Rauchabzug

Warmhaltekammer

Garkammer

Die durch das Feuer erzeugte Hitze und der Rauch ziehen in die Garkammern

Lufteinlaß

Feuerbox

Die Hitze und der Rauch verteilen sich gleichmäßig in den Garkammern.

© RUMO BBQ Ltd.

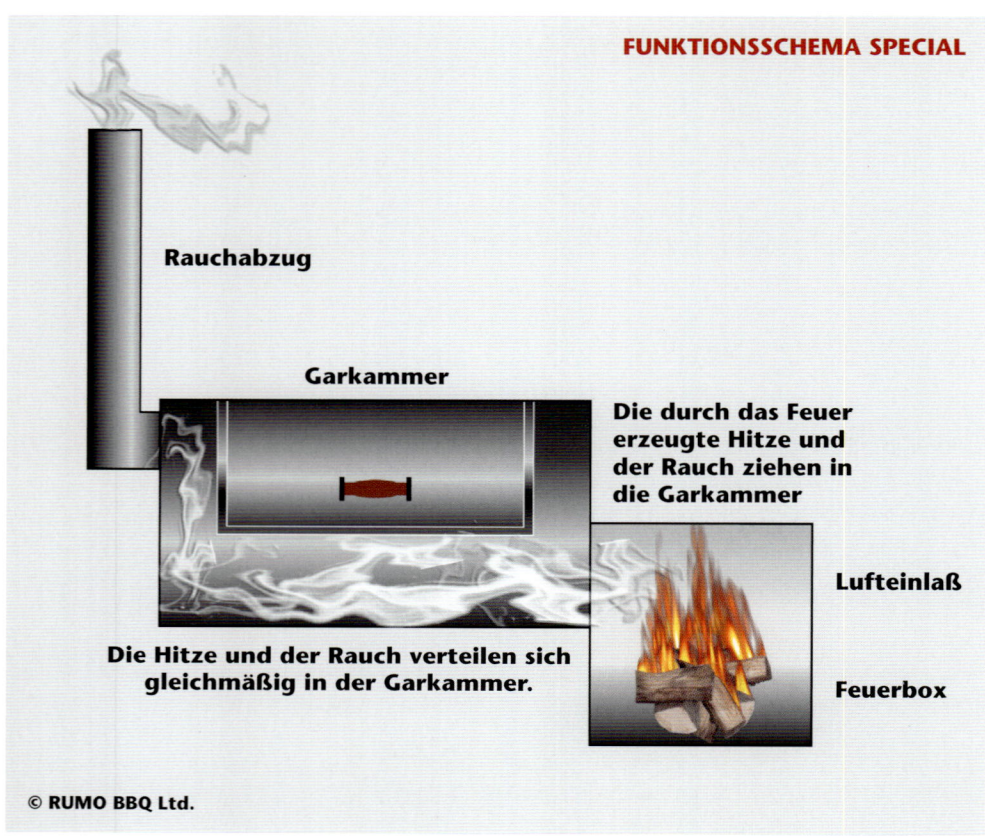

FUNKTIONSSCHEMA SPECIAL

Rauchabzug

Garkammer

Die durch das Feuer erzeugte Hitze und der Rauch ziehen in die Garkammer

Lufteinlaß

Die Hitze und der Rauch verteilen sich gleichmäßig in der Garkammer.

Feuerbox

© RUMO BBQ Ltd.

An diesem Diagramm kann man die Funktionsweise eines Offsetsmokers erkennen. Die Hitze entsteht in der Sidefirebox und zieht durch den Kamin ab. Zwischendurch gart sie auf ihrem Weg durch den Smoker alles, was im Pit oder Cooking Stack liegt.

Totale Kontrolle

Die Steuerung der Temperatur stellt beim Offsetsmoker meist die größte Schwierigkeit dar. Wie müssen die Lüfter stehen, um welche Temperatur im Pit zu bekommen? Wann muss Holz nachgelegt werden? Wie groß soll das Feuer sein? Wie dosiere ich den Rauch richtig?

Also ein paar sehr wichtige Fragen, auf die es nur eine Antwort gibt:

Es kommt darauf an ...

... und zwar wann welcher Smoker wo steht und was darin mit welchem Holz (oder auch mit Kohle) zubereitet werden soll.

Es gibt eine Vielzahl von Faktoren, die Einfluss nehmen auf den Prozess des Smokens und deshalb kann es eine pauschale Anleitung für die Bedienung eines Offsetsmokers nicht geben. Das gilt zumindest für die Holzbefeuerung, bei Kohle sieht die ganze Sache etwas anders aus.

Wenn man den Smoker mit einem Elektrobackofen vergleicht, der ihm ja vom Ergebnis (abgesehen vom Rauchgeschmack) durchaus ähnelt, kommt man schnell zu dem Schluss, dass ein Smoker wesentlich mehr Aufmerksamkeit fordert. Ein Backofen hat zwei automatische Komponenten, ein Thermostat und ein Heizelement. Der Thermostat misst ständig die Garraumtemperatur und sagt dem Heizelement, ob es an oder aus sein soll. Diese thermostatische Regelung funktioniert vollautomatisch und der Zustand „Heizen" oder „nicht Heizen" ist an der Kontrolllampe zu erkennen.

Ein Smoker funktioniert im Prinzip genauso, nur die Komponenten sind etwas andere, das Garraumthermometer ersetzt das Thermostat und der Pitmaster spielt die Rolle des Heizelements. Das Thermometer sagt ihm also entweder „heißer", „kälter" oder „genau richtig" und er kann entsprechend reagieren.

Nun steht der Backofen aber drinnen, also unabhängig von Wind und Wetter immer in der perfekten Umgebung. Der Strom ist auch stets gleich und der Luftdruck spielt bei elektrischen Heizelementen ohnehin keine Rolle. Beim Smoker sind allerdings genau das die Faktoren, die Einfluss nehmen auf die zu treffenden Maßnahmen und damit auch die Bedienung an sich bestimmen.

Im Einzelnen sind das:

Wind

Der Wind, der über dem Smoker bläst, kühlt die Oberfläche ab und damit den ganzen Smoker. Damit das nicht so schnell passiert und der Temperaturabfall so gering wie möglich ist, muss ein guter Smoker über eine gewisse Wandstärke und somit Masse verfügen. Das erklärt das hohe Gewicht und die verwendeten Materialien, kurzum: Ein guter Smoker ist schwer!

> **Wenn möglich immer windgeschützt smoken.**

Sonne

Smoker sind schwarz, das bedeutet, sie absorbieren die Sonnenstrahlen und heizen sich auf, obwohl noch gar kein Feuer in der Sidefirebox brennt. Ich hatte bei gutem Wetter schon Smokertage mit einer Ausgangstemperatur von 50 °C im Pit. Warum sollte man diesen Vorteil nicht nutzen? Der Turm/Kamin ist schon vorgeheizt, das Holz wird schön trocken und das Karma des Bedieners ist bei Sonnenschein auch besser ...

> **Sonnenstunden ruhig ausnutzen, nicht nur weil's schöner ist.**

Regen

Der größte Feind, schlimmer als plötzlich aufkommender Wind, ist einsetzender Regen. Das kalte Wasser wirkt auf den Smoker wie ein Kondensator, kühlt das Rohr massiv ab und lässt die Temperatur rapide abfallen. Bereits gelegtes Holz wird nass und beim Nachlegen regnet es in die Firebox. Alles in allem nicht unbedingt ein Bild von einem schönen Smokertag, so wie man ihn sich vorstellt. Ein Dach macht die Sache bedeutend einfacher.

> **Ein überdachter Smoker erleichtert das Smoken bei Regen.**

Luftdruck und Außentemperatur

Sowohl der Luftdruck als auch die Außentemperatur sind Faktoren, die sich auf die Bedienung des Smokers auswirken, wobei der Luftdruck eine eher untergeordnete Rolle spielt. Luftdruck ist immer da, mal mehr, mal weniger. Je höher man sich befindet, umso dünner ist die Luft, desto weniger Luftmasse steht also auf dem Kamin und er kann besser ziehen. Ich finde diesen Aspekt sehr theoretisch und konnte bis jetzt noch keine Auswirkungen feststellen, weder negative noch positive. Die Außentemperatur spielt natürlich eine größere Rolle als der Luftdruck. Ein Smoker, der bei -20 °C im Schnee steht, wird zum Vorheizen natürlich länger brauchen und man benötigt entsprechend mehr Brennstoff. Für den Kamineffekt ist eine frische Außentemperatur eher von Vorteil, je größer der Unterschied zwischen Smoker- und Außentemperatur, umso besser zieht er. Der Brennstoffverbrauch geht dann aber leider auch in die Höhe …

> **Wenn man es draußen selbst angenehm findet, gefällt es auch dem Smoker.**

Hardware

Es ist ganz entscheidend, mit welchem Gerät gearbeitet wird. Ein dünnwandiger, undichter Pseudosmoker mit einem stummelartigen Kamin wird nie den Bedienkomfort haben wie ein richtiger Offsetsmoker aus dickem Stahl. Je dünner der Stahl, desto schneller kühlt der Smoker ab, je kürzer das Rohr, desto weniger Kamineffekt bzw. Zug bietet er. Solche Geräte sind keine Smoker, sondern lediglich Grills in Smokeroptik. So wenig, wie man mit einem Kleinwagen einen Eindruck von der tatsächlichen Geschwindigkeit eines Autorennens bekommt, kann man mit einem Dünnblechsmoker ein Gefühl fürs Smoken bekommen.

> **Die Hardware muss stimmen.**

Bauart des Smokers

Vorausgesetzt, der Smoker ist von guter Qualität, dicht und dickwandig, ist es nicht ganz uninteressant zu wissen, was man eigentlich für ein Modell vor sich hat. Ein kleiner, einfacher 16 Zoll Tradition wird immer anders laufen als ein 24 Zoll Catering. PKW und LKW haben beide Lenkrad und Pedale, fahren aber ganz anders. Genauso verhält es sich mit den Smokern, jedes Modell hat seine Eigenarten.

> **Smoker ist nicht gleich Smoker.**

Brennstoff

Egal, ob Holz oder Kohle, Brennstoff muss brennen. Das geht bei beiden Sorten nur in absolut trockenem und einwandfreiem Zustand. Beim Benutzen von Grillbriketts ist auf lange und zuverlässige Brenndauer zu achten, sie müssen nach dem Anzünden qualmfrei abbrennen. Für die Minion-Methode (siehe Seite 82) müssen sie außerdem in der Lage sein, sich gegenseitig zu zünden.

Holz muss ebenfalls trocken sein, am besten auf der Firebox vorgewärmt und relativ klein gespalten. Die optimale Länge liegt bei etwa 30–40 cm und die Dicke bei etwa 5 cm. Brennwert und Brenndauer ist natürlich auch zu beachten und entscheidet, wann wie viel nachgelegt wird. Morsches und fauliges Holz kommt gar nicht in Frage, ebenso natürlich Bau- oder Konstruktionsholz.

> **Sauberer Brennstoff heißt saubere Verbrennung.**

Skill und Erfahrung

Vielleicht der wichtigste Faktor in der Smokerei ist es, nicht in Gramm oder Kilo, Stunden oder Gradzahlen zu messen. Es ist das Gefühl für den Smoker und die Geduld für low & slow, die man mit der Zeit entwickelt. Probleme, die am Anfang fast unlösbar erschienen, verschwinden mit der Zeit einfach wie von selbst.

Auf Smokerseminaren oder auch im Bekanntenkreis höre ich oft Sätze wie: „Am Anfang war ich wohl ein wenig zu ungeduldig, mittlerweile klappt alles bestens."

Und es stimmt tatsächlich, man muss sich Zeit nehmen, lernen, ausprobieren und darf sich von Rückschlägen nie entmutigen lassen. Wenn man einmal mit seinem Smoker auf einer Ebene ist und ihn versteht, bekommt er eine Seele und wird ein guter Freund. Einen Smoker besitzt man nicht, man teilt Leidenschaft und (Smoker)Leben mit ihm.

Also ran an den Speck, Erfahrung bekommt man nur durchs Machen.

> **Wer seinen Smoker versteht,**
> **hat fast gewonnen.**

Wenn man alle diese Faktoren berücksichtigt und daraus eine Art Universalbedienungsanleitung machen würde, müsste diese alle möglichen Kombinationen berücksichtigen, und dann wäre sie dicker als das Berliner Telefonbuch. Und selbst dann wird es immer noch Szenarien geben, die man nicht darin findet.

Es dürfte also mittlerweile klar sein, dass ein Satz wie:

„Für 120 °C muss man alle 45 Minuten einen Scheit Holz nachlegen, den unteren Lüfter halb öffnen und den oberen ganz offen halten."

zwar unter den dafür optimalen Bedingungen stimmen kann, aber keinesfalls immer und überall anzuwenden ist.

Die Smokerbesitzer werden jetzt schmunzeln und denken „das stimmt" …

Man kann nur Tipps und grobe Richtlinien geben. Wenn man diese einigermaßen befolgt, wird der Weg zum Erfolg etwas einfacher.

Die Hitzesteuerung

Geht man davon aus, dass alle äußeren Bedingungen optimal sind, hängt die Temperatur im Smoker von der Menge der Luft ab, die ihn durchströmt, der Menge und der Anordnung des Brennstoffes und der Bauart des Smokermodells.

Das Prinzip ist einfach zu verstehen:

> **Viel Brennstoff, auf großer Fläche verteilt,**
> **mit viel Sauerstoff versorgt, bringt große Hitze**
> **und umgekehrt.**

Man stelle sich einen offenen Kamin oder besser noch einen Kachel- oder Specksteinofen vor. Im Betrieb ist die Rauchrohrklappe immer geöffnet, der Rauch soll ja schließlich abziehen. Beim Smoker wäre das die Klappe am Abzug oder am Cooking Stack.

Die Rauchrohrklappe beim Smoker, hier voll geöffnet. Diese Menge an Rauch sollte allerdings nur da sein, wenn man ihn für ein Foto wie dieses wirklich braucht. Im echten Betrieb qualmt ein Smoker wesentlich weniger.

Verbrennt man dann im Kamin oder im Ofen einen großen Stoß Brennholz, also viel Brennstoff auf großer Fläche, wird es schnell sehr warm im Wohnzimmer. Bei einem geschlossenen Ofen kann man jetzt die Türe schließen und die Hitze nur noch über die Belüftung mit Sauerstoff versorgen. Weniger Sauerstoff führt zu weniger Hitze, beim Smoker wäre dies der Lüftungsschieber an der Firebox. Je nach Stellung kann man hier die Hitze regulieren. Die hauptsächliche Temperaturregelung erfolgt aber immer über die Menge des Brennstoffs, also über die Größe des Feuers. Je größer das Feuer, desto heißer der Smoker. Also eigentlich ganz einfach …

Blick durch den voll geöffneten Lüftungsschieber in die Sidefirebox. In dieser Stellung bekommt das Feuer bei geschlossenem Deckel den meisten Sauerstoff und die Hitze fließt komplett in den Pit ab. Der Smoker zieht richtig durch und wird in dieser Stellung am heißesten.

Mit einem Handschuh bewaffnet, lässt sich der Schieber sicher bewegen, je geschlossener der Schieber, desto mehr verliert der Smoker an Temperatur.

Sind die Klappen des Smokers schön dicht, so wie es sich gehört, kommt jetzt keine Frischluft ans Feuer, es erstickt und es fängt richtig an zu qualmen. Will man jetzt nicht „oversmoken", muss man schnell wieder öffnen.

Rauch

Der Rauchgeschmack in einem Smoker kommt durch die Holzverbrennung von ganz allein. Ich habe es noch nie geschafft, eine Smokersession völlig ohne Rauch durchzuführen und das ist auch gut so. Sicher, ein Smoker raucht beim optimalen Betrieb eigentlich kaum, aber es reicht auf alle Fälle aus, um Rauchgeschmack aufs Fleisch zu bekommen.

Wem das nicht reichen sollte oder wer im Smoker richtig räuchern will, der kann natürlich jede Menge Rauch produzieren, wenn dies gewünscht wird. Die Regel dafür ist einfach:

**Holz mit viel Sauerstoffzugabe brennt,
Holz mit wenig Sauerstoffzugabe qualmt.**

Will man also viel Rauch, der möglichst lange im Pit bleibt, kann zum einen der Airflow verlangsamt und dem Holz die Luft abgedreht werden. Das Erste geschieht mit der Rauchklappe am Abzug. Halb- oder noch weniger geöffnet lässt sie weniger heiße Luft abziehen und bremst so den ganzen Prozess der Zirkulation ab. Der Rauch bleibt länger im Smoker.

Damit Rauch überhaupt entsteht, wird die Zuluft an der Firebox geschlossen. Mit dieser Lüfterstellung, „unten zu und oben halb", wird der Smoker bald aus allen Ritzen qualmen und man muss wirklich aufpassen, dass nicht zuviel Rauch auf das Fleisch kommt. Es ist sonst überräuchert, also oversmoked.

Mit diesen Tipps kann man Hitze und Rauch schon sehr gut in den Griff bekommen. Mit dem richtigen Gerät, dem richtigen Fleisch, gutem Holz und schönem Wetter steht einem guten Ergebnis nun nichts mehr im Wege.

Die gute Laune kommt da von ganz alleine …

Bei halb geöffneter Lüfterklappe verlässt deutlich weniger Rauch deutlich langsamer das Rohr, der Rauchgeschmack wird intensiver.

So sieht eine „Rauchfahne" aus, die ein gut laufender Smoker während des Betriebs in den Himmel schickt.

Cateringsystem

Ab einer Größe von 20 Zoll gibt es in der Smokerfamilie eine zusätzliche Besonderheit: das Cateringsystem. Dieses spezielle System zur Luftsteuerung, das dazu dient, die Temperatur in den Garbereichen Pit und Stack gleichmäßig zu halten, ist, wie der Namenszusatz „Catering" schon sagt, für große Mengen Fleisch konzipiert.

Von außen nur am Griff des Schiebers zu erkennen, liegen die entscheidenden Komponenten des Systems im Inneren verborgen.

Der „kleinste" Chuckwagon mit Cateringsystem und nur einer Klappe am Pit.

Nach dem Öffnen des Deckels wird klar: Hier ist etwas anders als sonst.

Der Übergang von Pit zu Sidefirebox ist komplett geschlossen! Da, wo sonst das Flammenblech angeschweißt ist, sitzt im Catering ein fest verbauter Kasten, der mit einem Schieber nach oben geöffnet oder geschlossen werden kann.

An der Frontseite befindet sich ein Ausschnitt mit Flansch, auf den ein Hitzerohr/Heattube aufgesteckt wird.

Der Blick von der Firebox in den Pit zeigt den Ausschnitt mit Flansch in der Frontseite des Kastens. Ist der Schieber über ihr geschlossen, bietet diese Öffnung bis auf vier kleine Bohrungen den einzigen Weg für die heiße Luft, um die Firebox zu verlassen und den Stack zu erreichen. Sie wird also durch dieses Loch gesaugt und fließt in ...

... das Convection Tube oder Hitzerohr. Dieses aus 8 mm dickem Stahl gefertigte Rohr ist eigentlich gar kein Rohr, denn es ist an der Unterseite offen und liegt direkt auf dem Boden des Pit. Es ist auf beiden Längsseiten, ähnlich dem Convection Plate auf Seite 73, mit Öffnungen versehen, die zur Stackseite immer größer werden.

Die Kopfenden sind selbstverständlich ebenfalls offen und lassen auf der linken Seite die heiße Luft mittig am Boden des Cocking Stack austreten. Auf der rechten Seite liegt das Rohr dicht auf der Flansch und nimmt die Luft aus der Sidefirebox entgegen.

Durch die Bohrungen in den Seiten, das offene Ende und die Abschirmung zur Firebox ist das Cateringsystem in der Lage, die erhitzte Luft sehr gleichmäßig im ganzen Smoker zu verteilen. Am Anfang, dort wo die Hitze am größten ist, sind nur kleine Öffnungen im Rohr, die durch ihre Größe entsprechend wenig Hitze durchlassen. Während die Luft auf ihrem Weg abkühlt, werden die Öffnungen nach und nach größer und lassen jetzt mehr Luft durch. Im Ergebnis hat man also überall die gleiche Hitze.

Zusätzlich verfügt das Cateringsystem über einen Schieber, durch den sich die Temperatur im Pit schnell steigern lässt. Das kann notwendig sein, wenn es z. B. plötzlich anfängt zu regnen und der Smoker etwas abkühlt. Oder auch, wenn der Deckel zum Auflegen, Wenden oder Moppen einmal etwas länger geöffnet war und der Smoker an Hitze verloren hat. Mit dem Schieber wird die Öffnung aufgezogen und die heiße Luft gelangt sofort, also praktisch ungebremst, in den Pit. Der Airflow wird beschleunigt, dadurch gelangt mehr Frischluft ans Feuer und die Temperatur steigt.

Eine andere Funktion des Cateringsystems ist das schnelle Direktgrillen im Pit. Bei guten Smokern mit Cateringsystem kann immer ein Grillrost über die Öffnung gelegt werden. Zieht man diese jetzt auf, wirkt die heiße Luft direkt auf den Rost und heizt ihn richtig auf. Auf dem heißen Rost kann jetzt normal gegrillt werden.

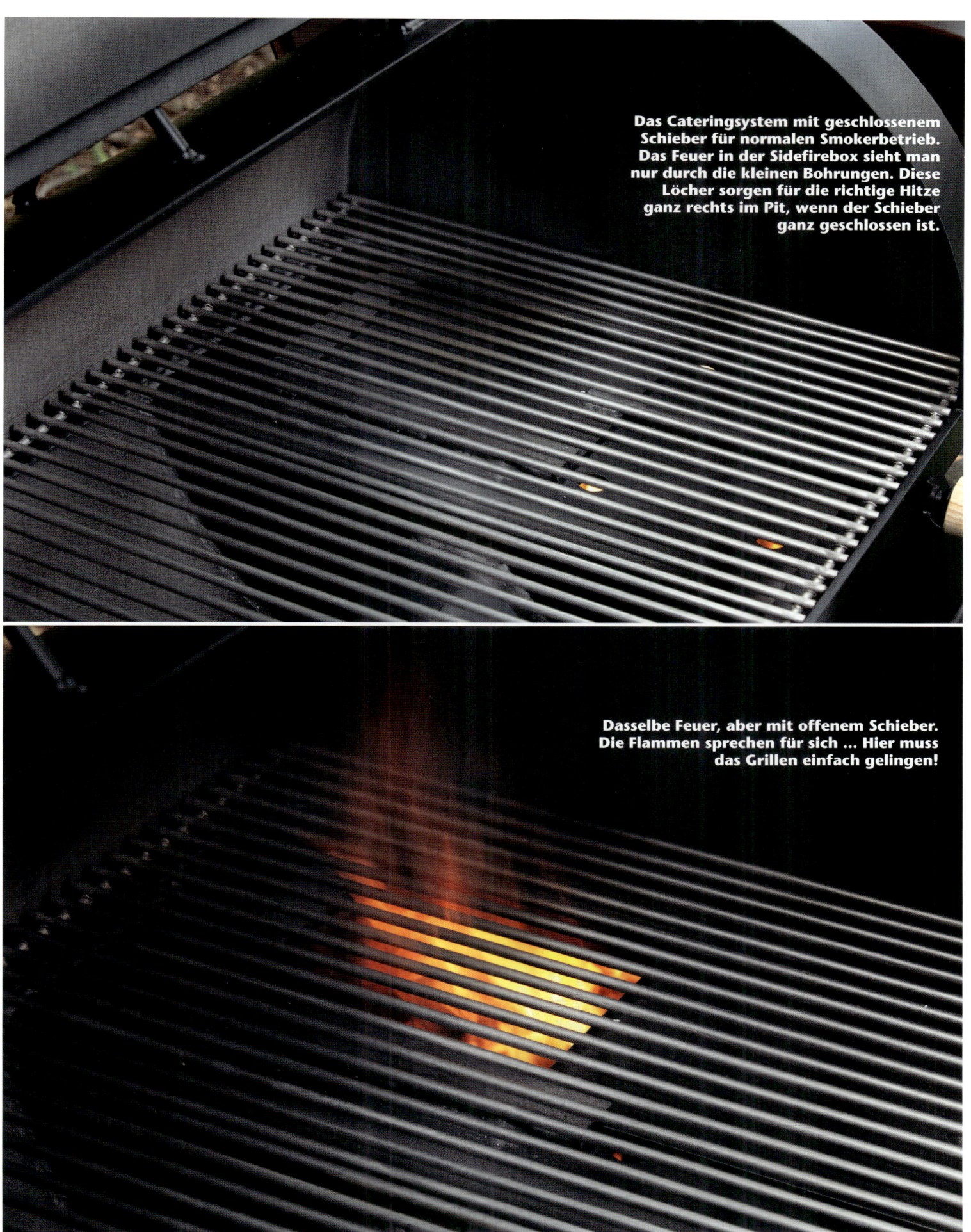

Das Cateringsystem mit geschlossenem Schieber für normalen Smokerbetrieb. Das Feuer in der Sidefirebox sieht man nur durch die kleinen Bohrungen. Diese Löcher sorgen für die richtige Hitze ganz rechts im Pit, wenn der Schieber ganz geschlossen ist.

Dasselbe Feuer, aber mit offenem Schieber. Die Flammen sprechen für sich ... Hier muss das Grillen einfach gelingen!

Da Caterings bekanntlich immer außer Haus stattfinden, zumindest aus Sicht des Caterers, muss die Maschine zum Einsatzort gebracht werden. Bei großen Fleischmengen und vielen Gästen ist ein Trailersmoker die erste Wahl.

Hier zu sehen ist ein 24 Zoll Chuckwagon Catering Extended Trailer mit zwei Pitklappen und entsprechenden Gegengewichten zum leichteren Öffnen. Das Cateringsystem ist baugleich mit dem im 20 Zoll Chuckwagon Catering, allerdings etwas größer ...

Reverseflow

Übersetzt ins Deutsche heißt „Reverseflow" so viel wie Rückfluss, und wenn beim Smoker von Fluss oder Fließen die Rede ist, ist damit immer der Luftfluss gemeint.

Das Reverseflowsystem leitet die heiße Luft also rückwärts durch den Pit, zurück in Richtung Firebox.

Ähnlich wie bei einem Convection Plate (siehe Seite 73) wird auch hier der Flammeneinschlag von Firebox zu Pit mit einer massiven Stahlplatte unterbunden.

Flowplate, eingelegt in den Pit. Der Flammeneinschlag wird wie beim herkömmlichen Convection Plate verhindert.

Gut zu sehen ist hier die geschlossene Fläche ohne Bohrungen. Das Flowplate deckt fast den ganzen Pit ab und die Luft muss unten durch.

Durch diese Öffnung steigt die nun gleichmäßig heiße Luft in den Garraum. Unten am Pitboden sieht man den Fettablauf.

Aber anders als das Convection Plate, hat das hier verwendete Flowplate keine Bohrungen und ist ein ganzes Stück länger. Wird es in den Pit gelegt, muss die ganze Luft bis zur linken Seite unter dem geschlossenen Plate entlang fließen und erreicht schließlich dort an dessen Rand einen etwa 15 cm breiten Spalt. Durch diesen Spalt geht es dann nach oben, wo die erhitzte Luft im Normalfall durch den Kamin nach draußen abgeht. Bei einem Reverseflowsystem sitzt der Abzug aber auf der anderen Seite und die Luft muss wieder nach rechts zurück in Richtung Firebox, also reverse.

Durch den Weg unter dem Flowplate kühlt die Luft gleichmäßig herunter und die heiße Zone direkt neben der Firebox entfällt. Diese homogene Luftmasse zieht dann am Fleisch vorbei und sorgt für gleichmäßige Garung, ohne, dass das Fleisch zu schnell oder mit schwarzen Stellen gegart würde. Dadurch, dass der Kamin direkt neben der Firebox liegt, wird er schnell recht heiß, was die Luft darin schneller aufsteigen lässt. Das verbessert den Zug und hilft, die Luftmassen auf ihrem verlängerten Weg durch den Smoker zu ziehen.

1

Beim Umbau vom normalen Smoker auf einen Reverseflowsmoker wird als erstes der Grillrost entfernt. In den jetzt freien Pit …

2

... kann dann das Flowplate eingelegt werden. Zur besseren Handhabung sind auf der Oberfläche zwei Griffe aufgeschweißt.

3

Als nächstes wird der Kamin vom linken Stutzen abgenommen ...

4

... und auf den auf der rechten Seite aufgesteckt. Die Abdeckkappe wandert dabei entsprechend von rechts nach links ...

5

... und dichtet jetzt den linken Stutzen ab.

Nun ist der Umbau erfolgreich abgeschlossen!

STÄHLERNE
SCHÖNHEITEN

Halfbarrel

Materialstärke:	5,2 mm
Gewicht:	42 kg
Maße (L x B x H):	95 x 55 x 74 cm
Grillfläche:	75 x 40 cm

Das Halfbarrel, also das halbe Fass, ist dem tatsächlichen halben Ölfass aus der Pionierzeit des Grillens nachempfunden. Auf Grills dieser Art lagen die ersten Steaks US-amerikanischer Ölarbeiter. Hier dient allerdings kein Fass, sondern eine 5 mm dicke Stahlplatte als Ausgangsmaterial. Die Arbeitsweise ist die eines klassischen Direktgrills: unten Hitze, in der Mitte Eisen, oben Essen. Halfbarrels sollten immer über einen Kohlerost und seitliche Lüftungslöcher verfügen, damit die Kohle von allen Seiten her mit Frischluft, also Sauerstoff versorgt werden kann.

Durch die massive Wandstärke kann das Halfbarrel auch als Feuerstelle dienen und bietet durch seine Grillfläche und die Arbeitshöhe einen guten Platz für Dutch Ovens oder anderes Kochgeschirr. Die Beine sind aus Stahlrohr und abnehmbar, sie lassen sich in der Wanne verstauen und machen so das Halfbarrel halbwegs mobil.

Der Rost ist aus 5 mm dicken Edelstahlstäben geschweißt und verfügt, um während des Grillens Kohle nachlegen zu können, über zwei Griffe zum anheben.

Sloppy Joe

Materialstärke:	5,2 mm
Gewicht:	85 kg
Maße (L x B x H):	115 x 55 x 145 cm
Grillfläche:	70 x 40 cm

Der Sloppy Joe ist ein Grill, der sich für das direkte Grillen, also wie im Halfbarrel, aber auch für das indirekte Grillen eignet. Der Deckel macht's möglich!

Ausgestattet mit Thermometer, Fettablauf und regelbarer Luftzufuhr, können im Sloppy Joe ganze Braten, generell große Fleischstücke oder komplette Hühner gegrillt werden. Durch den Deckel bleibt die Hitze im Inneren und das Fleisch gart gleichmäßig fertig.

Zum indirekten Grillen im Sloppy Joe werden die Kohlen nach rechts auf den Kohlerost gelegt und das Gargut auf die andere Seite, also zum Kamin hin. Die Luft wird dabei von rechts durch die Lüfterklappe hineingezogen, erwärmt sich durch die dahinterliegende Glut, zirkuliert um das Grillgut herum, gart es dabei und zieht schließlich durch den Kamin ab. Sollte das Grillgut ungleichmäßig garen, wird es einfach

so gedreht, dass die untergare Seite zu den Kohlen zeigt. Die 5 mm starken Edelstahlroste sind 3-teilig und decken die gesamte Grillfläche ab. Ein darunter liegender Kohlerost sorgt für die gleichmäßige Belüftung des Brennstoffs.

Natürlich kann und soll auch der Sloppy Joe als Feuerstelle genutzt werden, dafür ist an der rechten Seite eine Aufnahme für einen Schwenkarm fest verschweißt. Daran könnte z. B. ein Topf über dem offenen Feuer hängen mit einem leckeren Eintopf darin. Oder im Winter mit einem (von außen wie von innen) wärmenden Punsch oder Glühwein.

Der Lüftungsschieber ist auf einer Stahltür verbaut, die komplett aufgeschwenkt werden kann. Jetzt ist es zur Reinigung möglich, mit dem halbrunden Kohleschieber die Asche auszuräumen. Siehe auch Reinigung und Pflege Seite 112.

Die geschlossene Konstruktion, der Fetteimer, die Frontablage und Toolbar für Zangen etc. machen den Sloppy Joe zum Grillallrounder, mit dem auch kleinere Smokejobs möglich sind. Da allerdings wegen der fehlenden Sidefirebox der Brennstoff seinen Platz auch im Pit finden muss, kann er bei großen oder platzintensiven Stücken schnell an seine Grenzen stoßen und was das richtige Smoken betrifft, mit seinen großen „Brüdern" natürlich nur bedingt mithalten.

16 Zoll Tradition in voller Fahrt, hier mit Deckelhalter und Tisch am Toolbar als zusätzliche Ablagefläche.

16 Zoll Tradition

Materialstärke:	5,2 mm
Gewicht:	110 kg
Maße (L x B x H):	155 x 80 x 157 cm
Grillfläche:	70 x 40 cm

Der 16 Zoll Tradition ist das Einsteigergerät in die Klasse der BBQ-Smoker. Gefertigt aus 5,2 mm gewalztem, gebogenen und schließlich geschweißtem Stahl ist er günstiger in der Anschaffung als die teureren Smoker aus echter Rohrware.

Als klassischer Offsetsmoker besitzt er eine Sidefirebox, in der ein Feuer oder Kohlen abbrennen. Anders als beim Sloppy Joe ist hier also der komplette Pit als Garraum nutzbar. Die rechte Seite der Sidefirebox ist dabei genau wie beim Sloppy Joe und allen anderen Modellen mit Lüftungsschieber und Reinigungklappe versehen. Zusätzlich ist ein Fahrwerk verbaut, damit sich die 110 kg Stahl bei Bedarf auch bewegen lassen. Zum Schieben dient der einsteckbare Toolbar, der dann gleichzeitig als Griff seine Dienste tut.

Der 16 Zoll Tradition hat alles, was ein Smoker braucht, einen Fettablauf mit Eimer, eine Frontablage, Sidefirebox, Be- und Entlüftung durch die Sidefirebox und Kaminrohr, Thermometerdock zum Einschrauben eines Thermometers für die Temperaturkontrolle und Fahrgestell.

16 Zoll Special

Materialstärke:	6,3 mm
Gewicht:	160 kg
Maße (L x B x H):	155 x 80 x 157 cm
Grillfläche:	70 x 40 cm und 40 x 40 cm in der Sidefirebox

Dies ist der kleinste, vollausgestattete Smoker aus echter Rohrware, also der direkte Nachfahre der ursprünglichsten, aus Pipelines geschweißten Barrelsmoker, und Bestseller im Handel. Die massive Materialstärke ergibt sich hier automatisch, ein 16 Zoll Stahlrohr hat immer eine Materialstärke von einem Viertel Zoll, was wiederum etwa 6,3 mm entspricht. Der Unterschied zu Smokern aus Walzware, wie z. B. der 16 Zoll Tradition, ist auf den ersten Blick nur schwer zu erkennen, vergleicht man jedoch das Gesamtgewicht, kommt man auf rund 50 kg Gewichtsunterschied zwischen den Modellen. >>

**16 Zoll Special:
Kochplatte**

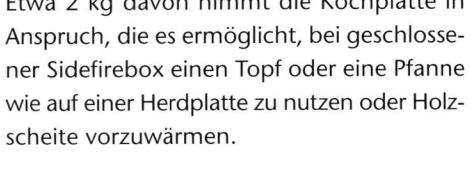

Etwa 2 kg davon nimmt die Kochplatte in Anspruch, die es ermöglicht, bei geschlossener Sidefirebox einen Topf oder eine Pfanne wie auf einer Herdplatte zu nutzen oder Holzscheite vorzuwärmen.

Der Rest des Gewichtsunterschiedes schlägt sich ausschließlich auf die Materialstärke nieder, einem der wichtigsten Faktoren im Smokerbau. Je dicker die Wandstärke, desto besser ist die Hitzespeicherung und umso geringer bleibt der Brennstoffverbrauch.

Neben der Kochplatte auf der Sidefirebox hat der 16 Zoll Special eine fest verschweißte Muffe für einen Schwenkarm und den üblichen Lüfter mit Klapptür für Zuluftregelung und Reinigung.

Ein weiteres Charakteristikum sind bei diesem Smoker innen in der Sidefirebox verschweißte Auflageleisten für Grillroste, die es ermöglichen, die Sidefirebox wie einen ganz normalen, herkömmlichen Grill zu nutzen. Erst wird in der Sidefirebox ein Feuer gemacht, die Glut anschließend zusammengeräumt und dann kann direkt über oder indirekt neben ihr gegrillt werden. Ganz nach Geschmack mit offenem oder geschlossenem Deckel. Natürlich kann man auch ein großes Stück Fleisch, z. B. ein ganzes Roastbeef, hier erst scharf angrillen und dann im Pit bei geringerer Temperatur schließlich gar ziehen lassen. Eine Pfanne oder ein Topf lassen sich hier unten über der Glut selbstverständlich auch schnell auf Temperatur bringen.

Frontablage, Toolbar, Fetteimer, Kohleschieber und Thermometer gehören zur Serienausstattung, Deckelhalter, Räucherturm etc. sind als Zubehör erhältlich.

**16 Zoll Special:
Grillrost**

16 Zoll Longhorn

Materialstärke:	6,3 mm
Gewicht:	200 kg
Maße (L x B x H):	195 x 85 x 165
Grillfläche:	100 x 40 cm und 48 x 40 cm in der Sidefirebox

Der 16 Zoll Longhorn ist die um rund 40 cm verlängerte Version des 16 Zoll Special. Er ist noch einmal 40 kg schwerer als sein kleiner Bruder und knackt somit die 200-kg-Grenze. Die Ausstattung ist dieselbe wie beim Special, jedoch bringt die aufgestockte Größe ein paar besondere Merkmale mit sich.

Durch die größere Grillfläche sind entsprechend mehr Grillroste verbaut, die gesamte Fläche im Pit, die zum Smoken zur Verfügung steht, beträgt also rund einen Meter in der Länge und fast einen halben Quadratmeter in der Fläche. Viel Platz für viel Fleisch.

Die Brennholzablage unter dem Pit ist natürlich dementsprechend mitgewachsen und nimmt einige Scheite zusätzlich auf.

Auf den ersten Blick zu erkennen ist aber die zusätzliche Frontablage an der Sidefirebox. Beim Grillen oder Smoken kann man nie genügend Ablageflächen haben, und wenn der Smoker größer wird, müssen die Ablageflächen eben mitwachsen.

Wie beim Special gilt also auch hier: Frontablagen, Toolbar, Fetteimer, Kohleschieber und Thermometer gehören zur Serienausstattung, Deckelhalter, Räucherturm etc. sind als Zubehör erhältlich.

16 Zoll Reverseflow

Materialstärke:	6,3 mm
Gewicht:	210 kg
Maße (L x B x H):	195 x 85 x 180 cm
Grillfläche:	100 x 40 cm und 48 x 40 cm in der Sidefirebox

Wenn man sich die technischen Daten des Reverseflow etwas genauer anschaut, stellt man fest, dass sie identisch sind mit denen des 16 Zoll Longhorn. Der Reverseflow ist im Prinzip auch ein 16 Zoll Longhorn mit all seinen Attributen, zum Reverseflow macht ihn die Art des Luftflusses im Pit. Auf dem Bild erkennt man, dass sich der Abzug nicht wie sonst auf der zur Firebox gegenüberliegenden Seite befindet, sondern rechts am Pit. Das Kaminrohr ist beim Reverseflow lose und kann an zwei Stellen aufgesteckt werden.

Der Smoker lässt sich dadurch auf zwei Arten nutzen, einmal als „normaler" Smoker mit Abzug links oder eben mit Abzug auf der rechten Seite als Reverseflowsmoker.

Was sich im Pit versteckt und was mit Reverseflow überhaupt gemeint ist, wird im Kapitel „Feuer frei" auf Seite 39 ff. genau beschrieben.

20 Zoll Championship Longhorn

Materialstärke:	6,3 mm
Gewicht:	265 kg
Maße: (L x B x H):	215 x 85 x 190 cm
Grillfläche:	130 x 50 cm und 60 x 50 cm in der Sidefirebox

20 Zoll entsprechen umgerechnet ca. 50 cm. Man kann sich also gut die Ausmaße dieses Smokers vorstellen. Fast 2 Quadratmeter Grillfläche stehen in diesem Schwergewicht zur Verfügung, deshalb der Namenszusatz „Championship". Bei BBQ-Competitions braucht man Platz im Pit, und den hat man hier zur Genüge.

Das Arbeitsprinzip ist dasselbe wie in allen anderen Smokern, allerdings ist bei diesem Modell, dem größten ohne Garturm, ein verlängerter Stack verbaut. Dieser verstärkt den Kaminzug und versorgt den großvolumigen Innenraum mit ausreichend Luftfluß. Für eine bessere Temperaturkontrolle ist beim 20 Zoll Longhorn ein Zusatzthermometer an der Stackseite, also links, im Deckel eingesetzt worden.

Der Deckel, der ja über dieselbe Materialdicke wie der ganze Smoker verfügt, hat alleine schon ein recht hohes Gewicht und ließe sich nur mit entsprechender Anstrengung öffnen. Deshalb hat er ein fest verschweißtes Kontergewicht, mit dem sich der Kraftaufwand minimiert.

Ablagen an Pit und Sidefirebox, Kochplatte, Fetteimer und Griff/Toolbar gehören bei diesem Smoker dazu, für Zuluft und einfache Reinigung sorgen der Lüfter auf der Klapptür an der Sidefirebox. Im Prinzip ist der 20 Zoll Longhorn eine Kopie des 16 Zoll Longhorn ... nur eben eine Nummer größer ...

Die Größe eines 20 Zoll Smokers fällt erst richtig ins Auge, wenn man einen 2 Meter großen Smoker (in menschlicher Ausführung) daneben stellt.

20 Zoll Chuckwagon Catering

Materialstärke:	6,3 mm
Gewicht:	360 kg
Maße (L x B x H):	215 x 90 x 215 cm
Grillfläche:	100 x 50 cm im Pit, 40 x 50 cm in der SFB und 5 Rundroste Ø 50 cm im Turm

Der Schieber zur Temperaturregelung am Pit, das einzige äußerlich erkennbare Zeichen des innenliegenden Cateringsystems.

Beim 20 Zoll Chuckwagon Catering ist der Name Programm. Hat man viele Gäste zu versorgen, braucht man ausreichend Grillfläche, und darüber verfügt dieser Smoker mit Sicherheit. Das Besondere an ihm ist, dass er diese Grillfläche(n) überall mit annähernd derselben Temperatur versorgen kann. Ist beim „normalen" Chuckwagon ein durchaus beabsichtigter Temperaturunterschied zwischen Pit und Cooking Stack zu verzeichnen, sind beim 20 Zoll Catering die Temperaturen fast identisch. Ideal also für das Zubereiten von großen Mengen, die dieselbe Gartemperatur benötigen.

Diese Art der Temperatursteuerung kann, muss aber nicht angewandt werden, der Catering lässt sich auch wie ein ganz normaler Smoker verwenden. Dafür sorgt ein Schieber, von außen nur durch den runden Griff am Pit rechts zu erkennen, der das Cateringsystem steuert.

Einzelheiten dazu auf Seite 34–38 unter „Spezialfälle, Cateringsystem".

Alles andere, also Ablagen, Fetteimer, Kochplatte, Griff etc. ist genau wie bei seinem kleineren Verwandten, dem 16 Zoll Chuckwagon gestaltet, für die rund 100 kg Gewichtsunterschied ist die Größe verantwortlich.

16 Zoll Chuckwagon

Materialstärke:	6,3 mm
Gewicht:	260 kg
Maße (L x B x H):	200 x 90 x 200 cm
Grillfläche:	100 x 40 cm im Pit, 50 x 40 cm in der Sidefirebox und 5 Rundroste Ø 40 cm im Turm

„Chuckwagon" ist die Bezeichnung für die typischen Planwagen, mit denen die Siedler auf ihren Trecks nach Westen ins „gelobte Land" zogen. In diesen Wagen konnte man alles machen, schlafen, kochen, wohnen, er war also ein Lebensraum im Allgemeinen. Und weil dieser Smoker auch ein Alleskönner ist – natürlich auf die Smokerei bezogen – und als Erinnerung an die Siedler, die das Garen mit Feuer und Rauch in den Westen gebracht haben, trägt dieser Smoker den Namen Chuckwagon.

Auffälligster Unterschied zu allen Smokern, die keine Chuckwagons sind, ist der Räucher- oder Garturm auf der linken Seite, der sogenannte Cooking Stack, also ein Rauchabzug (Stack), in dem gegart werden kann (to cook).

Da dieser Garraum am weitesten von der Hitzequelle entfernt ist, bildet er die dritte und temperaturbezogen niedrigste Garzone. Damit er sauber an den Pit anschließt, ist er ebenfalls aus einem 16 Zoll Stahlrohr gefertigt und bringt den kompletten Smoker auf ein Gesamtgewicht von stolzen 260 kg.

Der Turm fungiert auch als Gegengewicht beim Bewegen des Smokers. Anders als bei den Modellen mit herkömmlichen Stacks, bei denen sich die Räder unter der Sidefirebox auf der rechten Seite be-

finden, sind die Räder hier auf der linken verbaut und der Griff auf der gegenüberliegenden. Einmal ins Gleichgewicht gekippt, lässt sich selbst ein Smoker dieses Gewichts und dieser Größe verhältnismäßig leicht manövrieren.

Der Griff, der hier zum Schieben verwendet wird, ist fest mit der Sidefirebox verschweißt und sitzt über der Klapptür mit integriertem Lüftungsschieber. Im Deckel der Sidefirebox befindet sich eine Kochplatte und an der Griffseite ist eine Aufnahme für einen Schwenkarm angebracht.

An der Sidefirebox und am Pit befinden sich steckbare Ablagen und der Turm verfügt über eine umlaufende Reling, in die Werkzeug wie z. B. Zangen oder Kohleschieber eingehängt werden können.

Der Arbeitstisch wird in die Reling eingehängt und sorgt für zusätzliche Arbeits- und Ablagefläche.

Durch seine Höhe von zwei Metern ist es ohne Leiter für so manchen etwas schwierig, den oberen Lüfter des Chuck-wagons zu erreichen, deshalb hat die Abluftklappe einen verlängerten Griff, mit dem sie sich bequem öffnen und schließen lässt.

1. Blick in den Garraum am Übergang in den Turm: Pit- und Stackboden befinden sich auf einer Höhe und sind mit einer Aussparung versehen, dadurch können Fett und Marinadenreste zum Loch für den Fetteimerstutzen ablaufen. Durch diese Maßnahmen wird auch die Reinigung erleichtert, Wasser kann genauso wie das Fett wesentlich leichter abfließen.

2. Der Rundrost auf der untersten Ebene im Stack ist auf der rechten Seite eingekürzt und schließt sich flächenbündig an die Roste im Pit selbst an. Beim Verschieben von Fleischstücken kann also nichts nach links herunterfallen, zusätzlich wird die tatsächliche Smokefläche noch um etwa 30 cm vergrößert.

3. Blick in den geöffneten Stack des Chuckwagon. Vier Rundroste aus verschweißten 5 mm dicken Edelstahlstäben sorgen für zusätzliche Gar- und Warmhalteflächen.

4. Obwohl die Tür des Stacks schwer und massiv ist, hält sie nicht wie die Klappen von Pit und Sidefirebox durch Schwerkraft und Eigengewicht dicht, sie braucht einen zuverlässigen Riegel, der sie sicher geschlossen hält.

5. Der Kamin am oberen Ende des Stacks mit der hier voll geöffneten Lüfterklappe mit verlängertem Griff. Quer ganz oben im Stack befindet sich eine verschweißte Stange an die z. B. ganze Fische, Würste oder Schinken zum Räuchern gehängt werden können.

6. Zusätzlich zum Pit-Thermometer (im Hintergrund ist der Anschlag für die Klappe zu sehen) ...

7. ... hat der Cuckwagon noch ein Thermometer in der Tür des Stacks, um auch hier die Temperatur exakt zu dokumentieren.

Tag der offenen Tür, gut zu sehen: die Aussparungen im Deckel der Sidefirebox, die die Hitze direkt an die Kochplatte lassen.

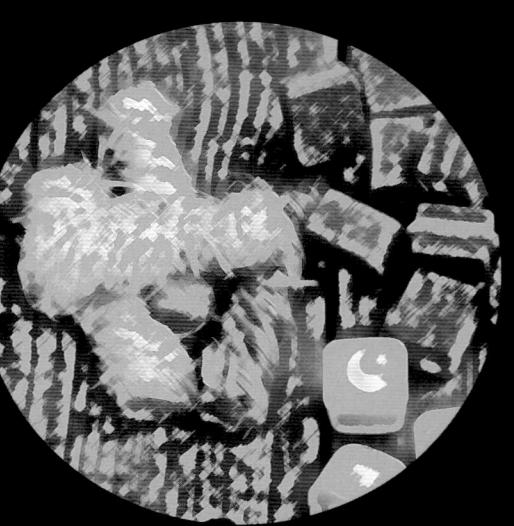

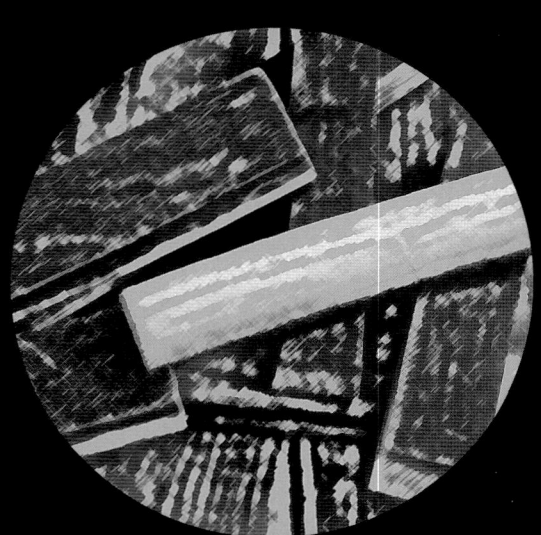

WHEN THERE'S SMOKE, THERE'S FIRE

When there's smoke, there's fire

Ohne Feuer kein Rauch und kein Rauch ohne Feuer, soviel ist sicher. Feuer und Rauch gehen also immer Hand in Hand und gehören faktisch zusammen.

Sie bilden das Herzstück des Smokens und können durch nichts ersetzt werden.

Sicher, es ist wesentlich einfacher und auch durchaus möglich, in einem Backofen Fleisch bei niedriger Temperatur zu garen und, was die Konsistenz angeht, Ergebnisse zu erzielen, die denen des Smokens ähnlich sind. Der typische Geschmack des Gesmokten bleibt dabei allerdings auf der Strecke.

Der vom Verständnis her einfachste Weg, Hitze mit Holzrauch zu verbinden, ist natürlich das Holzfeuer. Das brennende Holz sorgt für Hitze und Rauch zugleich und ist die klassische Methode, einen Smoker zu befeuern. Diese Methode ist allerdings auch am arbeitsintensivsten und fordert eine ständige Betreuung des Smokers. Das Feuer soll schließlich am Leben gehalten werden und es muss in regelmäßigen Abständen Brennstoff nachgelegt werden. Für einen passionierten Smoker ist das natürlich genau das, was das Smoken ausmacht, getreu dem Motto „Der Weg ist das Ziel".

Mit bedeutend weniger Arbeit verbunden ist das Smoken mit Kohlen und Kohleeinsätzen. Gute Grillbriketts halten lange, brennen mit sehr gleichmäßiger Temperatur ab und brauchen keinerlei Zuwendung. Da durchgeglühte Briketts nach dem Zünden geruchsneutral und qualmfrei abbrennen, muss hier der gewünschte Rauch durch Hilfsmittel wie Chips, Chunks oder Holzpellets erzeugt werden.

Fazit ist also: Ohne Holz geht nichts, egal ob als Scheit im Holzfeuer oder als Zusatz auf den glühenden Kohlen, Rauch geht nur mit Holz und Feuer oder Glut:

When there's smoke, there's fire!

Holz ist neben dem Fleisch die wichtigste Zutat beim Smoken. Es sorgt beim Abbrennen für eine trockene und aromatische Hitze und jede Holzart gibt ihren typischen Charakter an das Fleisch weiter.

Man könnte irrtümlich davon ausgehen, dass Holz gleich Holz ist. Aber unterschiedliche Holzarten haben einen gravierenden Einfluss auf den Rauch. Beim Smoken wirkt sich die verwendete Holzart zum Teil auf das Endergebnis aus, es ist quasi ein Teil des Gewürzes, das zum Smoken verwendet wird.

Die verschiedenen Holzarten geben, je nach Sorte, z. B. scharfen, süßlichen oder milden Rauch ab und dieser beeinflusst natürlich den Geschmack des Endproduktes erheblich. Rauch ist also, wie beim Holz auch, nicht gleich Rauch und nimmt durch Menge und Intensität einen großen Stellenwert beim BBQ ein.

Die nachfolgende Tabelle gibt eine Übersicht über die verschiedene Holzarten, die zum BBQ gut geeignet sind und zeigt deren Verwendung:

GRILLGUT	HOLZART						
	Apfel	Buche	Eiche	Erle	Hickory	Kirsche	Mesquite
Backen	✓	✓	✓	✓		✓	
Fisch		✓	✓	✓			✓
Geflügel	✓	✓	✓	✓	✓	✓	✓
Gemüse	✓	✓	✓	✓	✓		✓
Lamm		✓	✓	✓		✓	
Rind	✓	✓	✓	✓	✓	✓	✓
Schwein	✓	✓	✓	✓	✓	✓	

Wie die Tabelle schon ausweist, sind gut ge-
trocknete Harthölzer zum Smoken am besten
geeignet. Sie sorgen neben dem Rauch nämlich auch für den erforderlichen Heizwert.

Die geeignetsten heimischen Arten sind
Buche, Erle, Ahorn, Eiche und Nussbaum.

Mit den heimischen Obstgehölzen wie Apfel,
Kirsche, Pfirsich oder Pflaume lassen sich
ebenfalls tolle Ergebnisse erzielen und sogar
Weinreben oder alte Fassdauben kann man
wunderbar als Brennstoff nutzen.

Als Brennholz ziemlich schwierig zu bekommen und deshalb meist als Chips oder
Chunks verwendet, tun die US-Klassiker wie
Mesquite, Hickory oder Pekan ihren Dienst
in heimischen Smokern.

Jede Holzart hat ihren eigenen Charakter,
die Unterschiede im Rauch sind allerdings
oft so minimal, das es schwierig ist, sie zu
100 % zu unterscheiden. Generell gilt, dass
Obsthölzer einen leicht süßlichen und milden Rauchgeschmack bringen.

Pekan, Ahorn und Buche sind Allrounder,
Eiche, Nuss, Mesquite und Hickory verursachen einen sehr würzigen und starken Rauchgeschmack, der schnell ins Bittere geht und
dann scharf und beißend wird. Ansonsten
sind die Unterschiede sehr fließend und ganz
schwer zu definieren. Salz ist salzig und Zucker ist süß, bei Holzrauch ist das etwas
schwieriger.

Da der Rauchgeschmack durch die Minera-
lien bestimmt wird, die im Holz abgelagert
sind, hat der Standort des Baumes, von dem
das Holz stammt, auch eine gewisse Re-
levanz. So kann eine Eiche von der franzö-
sischen Atlantikküste einen anderen Rauchgeschmack erzeugen als eine aus dem
Hochschwarzwald.

Wenn man jetzt noch berücksichtigt, dass
die Gattung Eiche grob in Rot- Weiß- und
Zerreichen unterteilt ist, und diese Gruppen
über einzelne Arten wie z. B. Scharlacheiche,
Traubeneiche, Pyrenäeneiche, Steineiche,
Stieleiche usw. mit jeweils eigenem Charak-
ter verfügen, wird klar, dass „Eiche" zum
Smoken nicht gleich „Eiche" ist.

Verschiedene Holzarten, mit und
ohne Rinde, aber stets in handliche
und gleich große Stücke gespalten
und gut durchgetrocknet.

Deshalb erscheint eine Einteilung in zwei Gruppen als sinnvoll:

Mild: Für feine Sachen wie Schweinefilet, Geflügel oder Fisch: **Obstholz, Buche, Ahorn**

Intensiv: Für gerubbte, große Stücke, die geglaced und/oder gemoppt werden, wie Brisket, Pulled Pork oder Ribs: **Eiche, Hickory, Mesquite, Nuss**

> **Generell gilt: die Auswahl des Fleisches, der Rub, die Gewürze und die Sauce machen den Großteil des Geschmackes aus.**
>
> **Der Rauchgeschmack ist nur ein Zusatz und die Holzauswahl ist nicht das Wichtigste!**

Ungeeignetes Holz

Manche Hölzer eignen sich gut zum Smoken, andere weniger gut und es gibt Holzsorten, die im Smoker nichts zu suchen haben, es sei denn, man möchte ein Lagerfeuer in der Firebox machen oder man nimmt es als Anzündmittel. Sobald Lebensmittel im Spiel sind, verbieten sich:

Nadelgehölze:
Tanne, Pinie und Fichte gehören nicht in die Firebox. Sie harzen, haben nur einen geringen Heizwert und eine kurze Brenndauer. Der Qualm und das verkochende Harz lässt im Handumdrehen jedes Stück Fleisch bitter und harzig schmecken.

Ölhaltige Hölzer:
Holzarten mit starken ätherischen Ölen wie Thuja/Lebensbaum, Zeder, Eukalyptus oder Zypresse können regelrechte Übelkeit hervorrufen und werden nicht zum Smoken verwendet. Zedernplanken eignen sich zwar zum Grillen, aber man kann mit Zedernholz nicht smoken, denn die Rauchausbeute beim Smoken ist wesentlich höher als bei einer Planke.

Muffiges, morsches Holz:
Mit Holz, das vergammelt ist, verhält es sich wie mit Lebensmitteln. Alles was faulig, schimmelig oder muffig riecht oder aussieht, kommt auf den Kompost und nicht auf den Smoker.

Frisches Holz:
Frisch geschlagenes, sogenanntes grünes Holz enthält zu viel Zellflüssigkeit, qualmt übermäßig viel und brennt sehr schlecht. Man sollte immer nur gut getrocknetes und abgelagertes Holz verwenden.

Leim- oder Bauholz:
Der Name Leimholz spricht eigentlich für sich. Es handelt sich dabei zwar um massives Holz, aber um verleimtes. Es eignet sich wegen der chemischen Zusätze also nicht zum Smoken. Mit Bauholz kann zum Beispiel die ausgebaute, alte, massive Buchentreppe gemeint sein. Es ist schön trocken, weil es seit Jahren im Innenraum war und die Farbe ist abgeschliffen, also müsste es funktionieren. So verlockend es erscheinen mag, auch hier gilt: Finger weg! Denn alles, was diese Treppe in den letzten Jahrzehnten „geatmet" hat, schlägt sich auf das Essen nieder, es ist deshalb nur für Ofen oder den Kamin zu verwenden.

Abgesehen von der Holzart spielt auch die Beschaffenheit der Stücke eine Rolle:
Die Scheite sollten nicht zu groß sein. Die besten Ergebnisse erzielt man mit Stämmen (Logs) oder Scheiten mit einem Durchmesser von 5–8 cm. Dadurch bekommt man eine schöne, saubere Verbrennung und läuft nicht so schnell Gefahr, die Lebensmittel zu oversmoken. Zu viel Rauchgeschmack lässt sich durch nichts wieder ausgleichen, etwas weniger Rauch lässt mehr vom Eigengeschmack und den Gewürzen von Rub und Mopp durch.

Sollten die Scheite trotz fast geschlossener Zuluft im heißen Smoker zu schnell anfangen zu brennen und es ist mehr Rauch gewünscht, wird ein kleinerer Scheit in Alufolie gepackt, diese wird mit ein paar Löchern versehen und in die Firebox gelegt.

Rinde entfernen?
Da scheiden sich die Geister, ich bin zu faul sie abzukratzen und lasse sie generell dran. Unterschiede im Brennverhalten oder besondere Geschmacksnuancen habe ich bisher nicht feststellen können. Es ist also jedem selbst überlassen, das auszuprobieren.

Kohle und Briketts

Neben der Möglichkeit, einen Offsetsmoker mit der herkömmlichen Holzfeuerung zu betreiben, kann man auch mit Kohle arbeiten.

Die zwei wichtigsten und relevanten Sorten zum Grillen und Smoken sind herkömmliche Holzkohlen und aus Kohlenstoff gepresste Grillbriketts. Auch wenn beide Sorten schwarz sind, stauben und beim Anzünden qualmen, gibt es hier entscheidende Unterschiede:

	HOLZKOHLE	GRILLBRIKETTS
Dauer des Anzündvorgangs im Anzündkamin	ca. 20 Minuten	ca. 30–40 Minuten
Brenndauer	ca. 1 Stunde	ca. 3–4 Stunden
Gewicht	leicht – wegen Lufteinschlüssen in den Kohlestücken	schwer – durch die dichte Verpressung
Form	Wie gewachsen, es können also große und kleine Stücke dabei sein.	Alle Briketts sind absolut identisch. Ideal für Anzündkamine
Zusätze	Keine, alles naturbelassen	Bindemittel und Brandbeschleuniger, bei schlechten Briketts Streckmittel aus Mineralstoff
Hitzebild	Kann durch verschiedene Stückgrößen ungleichmäßig sein, es kommt zu Hitzespitzen	Absolut gleichmäßige Temperatur
Verwendung	Ideal zum schnellen, direkten Grillen in der Sidefirebox	Perfekt für Longjobs im Smoker
Geruchs- und Geschmacksbildung nach dem Durchglühen	keine, neutral	keine, neutral

Anzünder, Holzkohle und Grillbriketts, rechts im Bild eine Kombination aus Grillbriketts und Chunks aus Whiskeyfassdauben.

Die Qualität der Kohle, egal ob Brikett oder Holzkohle, ist natürlich wie so oft entscheidend für den Erfolg. Die Trockenheit des Materials vorausgesetzt, ist bei Holzkohlen die richtige Siebung der wichtigste Faktor. Bei der Verwendung eines Anzündkamins dürfen die einzelnen Stücke nicht zu groß sein, sonst passen zu wenige in den Anzündkamin. Sind sie zu klein, verstopfen sie ihn und der Kaminzugeffekt wird blockiert. Gleichmäßig große Stücke von ca. 5–6 cm Durchmesser sind ideal. Das Holz, aus dem die Kohle gewonnen wurde, spielt, wie viele Hersteller meinen, eine große Rolle. Ich konnte hier selbst im direkten Produktvergleich keine nennenswerten Unterschiede feststellen. Aus Hartholz sind sie alle, und wenn die Absiebung gestimmt hat, habe ich noch keine schlechte Holzkohle gesehen bzw. gehabt.

Bei Briketts liegt die Sache etwas anders. Da Briketts kein naturbelassenes Produkt sind, sondern ein Verbundwerkstoff, finden sich hier außer dem eigentlichen Brennstoff noch andere Stoffe. Findige (und windige) Briketthersteller haben so die zweifelhafte Gelegenheit, die Briketts mit billigem Mineralmehl zu strecken und verkaufen so eigentlich nur einen gewissen Teil Brennstoff zum vollen Preis. Die richtige Rezeptur entscheidet hier also über Anzünd- und Abbrennverhalten der Briketts und jeder hat seine Favoriten.

Das Wichtigste ist eine geruchsneutrale Glut nach dem Anzündvorgang, generell sind die billigsten Briketts aber nie die besten. Viel Spaß beim Ausprobieren …

Chips und Chunks

Wenn bei Kohlen und Briketts eine geruchsneutrale Glut gewünscht wird, wie wirkt sich das auf den Rauchgeschmack aus?

Hier gibt es verschiedene Möglichkeiten, um Rauch zu erzeugen, die einfachste und natürlichste ist die Verwendung von Chips und Chunks.

Im Prinzip sind Chips und Chunks das Gleiche, nämlich Holzstücke von verschiedenen, typischen beim Smoken verwendeten Holzarten, die in die glühenden Kohlen gegeben werden. Der Unterschied besteht allein in der Größe. Chips sind gehäckselt und kleinformatig, Chunks sind größere Holzstücke von 3–5 cm Länge.

Chips sollten grundsätzlich gewässert werden, bevor sie zum Einsatz kommen. Nach dem Wässern werden sie kurz etwas abgetropft und dann einfach direkt auf die glühenden Kohlen gestreut. Wässert man die Chips nicht, bekommt man eine schöne, saubere Verbrennung, aber leider bei sehr wenig Rauch. Das Wasser sorgt für die maximale Rauchausbeute und durch das Abtropfen wird die Glut auch nicht gelöscht, wie manche BBQer behaupten.

Chunks können gewässert werden, müssen sie aber nicht. Durch die Größe und die im Vergleich zu Chips kleinere Oberfläche qualmen sie selbst auf der Glut lange Zeit vor sich hin, bis sie irgendwann mal Feuer fangen.

Chunks und Chips werden aber nicht nur in natura angeboten, sondern auch aromatisiert, wenn sie aus alten Whiskey- oder Weinfässern gewonnen werden.

Das Schöne am Arbeiten mit Chips und Chunks ist, dass der Rauch sehr dosiert und kontrolliert eingesetzt werden kann. Hat man genügend Rauchgeschmack im Fleisch, kommen einfach keine Chips mehr in die Glut.

Chunks und Chips zum Generieren von Rauch beim Arbeiten mit Kohle. Im Beutel sind Chips aus alten Jack Daniels Fässern, im Vordergrund sind Chunks aus Rotweinfassdauben zu sehen.

Pellets

Pellets haben in der Smokerwelt zwei Funktionen. Zum einen als Heizmaterial für sogenannte Pelletsmoker. Hier werden die Pellets meist durch eine Förderschnecke in den Brennraum transportiert und sorgen für die richtige Hitze und zugleich den Rauchgeschmack.

Die andere Verwendung ist der Einsatz als Rauchzusatz, ähnlich wie bei den Chips und Chunks.

Der Unterschied liegt in der Anwendung. Würde man die Pellets wässern, würden sie aufquellen und auseinanderfallen, gibt man sie trocken über die Kohle, fangen sie sofort an zu brennen und verursachen keinen Rauch. Sie müssen also vor der direkten Gluthitze geschützt werden, benötigen aber trotzdem starke Hitze.

Abhilfe schaffen hier Smokeboxen oder Smokepipes. Diese verschließbaren Behälter sind meist aus Edelstahl oder Gusseisen gefertigt und haben Löcher, durch die der entstehende Rauch entweichen kann. Sie werden je nach gewünschter Rauchmenge mit mehr oder weniger Pellets gefüllt, geschlossen und in die Glut gelegt.

Smokepellets gibt es mittlerweile in vielen verschiedenen Sorten, sie sind sogar aromatisiert und als Mischungen erhältlich.

Verschiedene Aromapellets und ein Smokestick, im Grunde ein großes Pellet, von dem Stücke heruntergebrochen werden können.

ZUBEHÖR

Zubehör

Steht der Smoker erst einmal im Garten, soll es natürlich auch möglichst bald losgehen mit der Smokerei.

Damit sich der Weg zu den optimalen Ergebnissen möglichst einfach gestaltet, gibt es in der BBQ-Welt unzählige Zubehörteile. Manches ist unverzichtbar, einiges ist Luxus und vieles überflüssig.

In welche der zuletzt genannten Kategorien – unverzichtbar und Luxus – die diversen Gadgets gehören, bleibt jedem selbst überlassen. Was der eine unbedingt braucht, ist für den anderen Schnickschnack und Geldverschwendung.

Bei einigen Dingen jedoch sind sich alle einig, die schon mal etwas mit Grillen, bzw. Smoken zu tun hatten, denn sie sind entscheidend für Erfolg oder Misserfolg und ohne sie geht's gar nicht oder nur sehr schlecht.

Absolute must haves beim Smoken sind (meiner Meinung nach):

- ein zuverlässiges Kernthermometer

- ein vernünftiges Besteck, also eine Zange und ein Wender

- ein Anzündkamin und ein Kohleeinsatz, wenn man mit Kohle arbeitet

- ein Kohleschieber zum Reinigen und Ordnen der Glut

- ein paar Schüsseln zum Marinieren und Würzen

- ein Pinsel oder besser ein Mopp

Ich habe den Zubehörbereich in zwei Kategorien aufgeteilt, die erste zeigt smokerspezifisches Zubehör und Upgrades, die speziell bei Smokern eine Rolle spielen.

In der zweiten Gruppe finden sich eher allgemein gehaltene Tools, die auch sehr gut auf dem normalen Grill Verwendung finden.

Wenn man diese Utensilien griffbereit hat, sind die meisten Dinge im Smoker gut zu machen.

Convection Plate

Die richtige Konvektion oder Wärmeströmung spielt bei einem Offsetsmoker natürlich eine sehr große Rolle. Um eine bessere und gleichmäßige Verteilung der heißen Luft im Smoker zu erreichen und Flammeneinschlag in den Pit zu verhindern, gibt es das sogenannte Convection Plate.

Es besteht zur besseren Hitzespeicherung aus einer 6 mm dicken Stahlplatte, die sich durch eine Aufkantung an das eingeschweißte Flammenblech legt, wodurch so keine Flammen mehr aus der Sidefirebox in den Pit schlagen können.

Für den Durchlass der heißen Luft verfügt das Convection Plate über Bohrungen, die im Durchmesser zur Kaminseite größer werden und sich zur Fireboxseite hin verkleinern.

Dort, wo es also am heißesten ist, nämlich eben genau am Übergang von Pit zu Sidefirebox, kann durch die kleinen Löcher nur wenig heiße Luft nach oben steigen. Da die Anfangshitze im Verlauf der Strömung nachlässt, werden die Löcher jetzt größer und lassen nicht mehr ganz so heiße Luft nach oben durch.

Durch die Kombination aus wenig sehr heißer Luft am Anfang und viel etwas „kühlerer" Luft im weiteren Verlauf, lässt sich so eine gleichmäßige Hitzeverteilung im Pit erreichen.

Das Convection Plate wird einfach in den Pit gelegt, direkt ins Rohr.

Das Convection Plate liegt direkt im Rohr und am Flammenblech an, die heiße Luft kann also nur noch durch die Bohrungen in den Smoker gelangen. Gut zu sehen sind hier die Bohrungen, die sich zur Firebox hin verjüngen.

Blick vom Pit aus in die Firebox, aus dieser Perspektive nicht besonders dramatisch ...

... erst beim Blick von der Seite sieht man den Flammeneinschlag in den Pit. Alles, was hier auf dem Rost läge, würde unweigerlich sofort verbrennen. Die heiße Luft geht praktisch „ungefiltert" und völlig unkontrolliert direkt in den Garraum.

Dieselbe Situation, hier allerdings mit eingesetztem Plate. Die Flammen greifen nicht mehr über und machen ein entspanntes Smoken bei kontrollierbaren Temperaturen möglich.

Mangrate

Das Mangrate ist ein schwerer, massiver Grillrost aus Gusseisen, der zum Grillen benutzt wird. Durch die besondere Form und die schwere Bauweise ist es damit möglich, im Pit auf der rechten Seite Fleisch zu grillen und mit den typischen Grillmarks zu verzieren.

Dabei wird das Mangrate so nah wie möglich an die Firebox gelegt. Die Roststäbe auf der Unterseite sind dick und schwer und speichern die aufsteigende Hitze. Durch das Material wird die Hitze dann an die Oberseite transportiert, wo die Stäbe erheblich dünner sind. Auf diese Weise wird die Hitze konzentriert und verleiht dem Fleisch filigrane, wie mit dem Lineal gezogene Brandings.

Die einzelnen Rostelemente lassen sich fugenfrei aneinander legen und mit der speziellen Büste mit langen, harten Stahlborsten sehr einfach reinigen.

Ideal geeignet für perfekte Brandings: das Mangrate. Im freien Teil des Pit kann gleichzeitig ganz normal weiter gesmoked werden.

Zwei aneinandergelegte Mangrate-Elemente mit dazugehöriger Bürste. Genau passend für 16 Zoll Smoker.

Schwenkarm

Wer einen Smoker mit entsprechender Aufnahmemuffe sein Eigen nennt, kann einen Schwenkarm oder Topfgalgen einhängen.

In eine Art Raster kann praktisch alles eingehängt werden, was einen Griff hat und feuerfest ist. Durch die Rasten oben am Galgen kann die horizontale Position des Topfes verändert werden, damit er optimal zur Hitzequelle platziert ist. Man könnte z. B. über der Glut in der Firebox hängend zuerst Kartoffeln und Gemüse zubereiten, den Topf dann zum Warmhalten zur Seite hängen und dann gleichzeitig auf der jetzt ja wieder freien Glut das Fleisch grillen.

Wird es einmal zu heiß im Topf oder die Höhe zum Feuer muss korrigiert werden, ist dies über einen Stellring, der zugleich als Anschlag dient, leicht möglich.

IM WINTER IST ES EINE TOLLE IDEE, ÜBER DEM KNISTERNDEN FEUER EINEN TOPF GLÜHWEIN ODER PUNSCH ZU ERWÄRMEN.

Schwenkarm oder Topfgalgen, hier mit eingehängtem Dutch Oven. Rechts ist der Stellring mit der großen Flügelschraube zu sehen. In dieser Größe lässt sie sich auch im heißen Zustand mit dicken Handschuhen leicht greifen und bedienen.

Kochplatte

Bei vielen Smokermodellen ist auf dem Deckel der Sidefirebox eine Kochplatte zu finden. Die Hitzequelle sitzt also direkt darunter und macht es daher möglich, mit ordentlicher Hitze richtig zu kochen. Für den besseren Hitzetransport zur Unterseite der Kochplatte ist der Deckel unter ihr ausgeschnitten. So kann die heiße Luft direkt und ohne Umwege auf die Platte treffen und sie schnell aufheizen.

Nutzt man die Platte nicht zum Kochen oder Warmhalten, können Holzscheite bis zu ihrer Verwendung als Brennstoff gut auf ihr vorgewärmt werden. Sie brennen dann später schneller an und entwickeln dabei weniger Rauch.

Die Hitze aus der Firebox fließt durch die Ausschnitte im Deckel und kann so direkt auf die aufgeschweißte Kochplatte wirken.

Die Kochplatte macht den Deckel der Firebox zum Herd. Hier mit einer gusseisernen Pfanne bestückt.

Deckelhalter

Der Deckelhalter hält, wie sein Name untrüglich verrät, den Deckel offen. Und zwar durch Rasten auf verschiedenen Höhen. Somit ist zwar die Funktionsweise klar, aber die Frage ist, warum der Deckel eigentlich offen sein sollte.

Betreibt man den Smoker mit Holz, kann es schon mal zu heftiger Rauchentwicklung kommen. Ursache hierfür können zu große Scheite oder das Holz selbst sein. Warum auch immer, der Rauch ist da und soll nicht in den Pit.

Also ist es am einfachsten, den Deckel etwas offen zu lassen und den Rauch nach oben abziehen zu lassen. Der Verbrennung wird durch den Deckelspalt zusätzlich Sauerstoff zugeführt und lässt das qualmende Holz schneller zünden.

Ein kleiner Nebeneffekt ist bei halboffenem Deckel natürlich auch die freie Sicht aufs offene Feuer …

Beim Anfeuern sorgt der Deckelhalter für Luft und hält die Hitzeentwicklung in Grenzen.

Weil sich der Deckelhalter sehr nah am Feuer befindet, ist der Griff aus einer stählernen Spiralfeder gefertigt und kann somit nicht verbrennen. Er wird zwar nicht so heiß wie ein normaler Holzgriff, sollte aber trotzdem stets mit einem Handschuh angefasst werden.

Kohleeinsatz

Zum Betrieb mit Grillbriketts unerlässlich: ein Holzkohleeinsatz für die Firebox. Durch die Löcher im Boden gelangt der Sauerstoff an die Briketts.

Ein Smoker lässt sich nicht nur mit Holz befeuern, eine einfache und weniger arbeitsintensive Alternative stellen Holzkohle und Grillbriketts dar.

Weil Briketts und Kohlestücke wesentlich kleiner sind als Holzscheite, würden sie aber durch den Feuerrost in der Firebox fallen.

Auf dem Boden der Sidefirebox liegend, können sie durch das geschlossene Material keinen Sauerstoff von unten mehr aufnehmen und erreichen keine ausreichenden Temperaturen mehr.

Abhilfe schafft hier ein Kohleeinsatz für die Firebox. Diese aus dickem Stahl gekantete Box ist im Boden mit Löchern versehen, die die Kohlen mit genügend Luft von unten versorgen und die Hitzeentwicklung konstant halten. So ein Einsatz fasst je nach Größe bis zu 6 Kilo Briketts und der Smoker ist damit in der Lage, bis zu 5 Stunden auf einer Temperatur zu laufen. Rauch wird jetzt mit Hilfe von Chips, Chunks oder Pellets erzeugt, die auf die glühenden Kohlen gegeben werden.

Der Feuerrost ist für Kohlen und Briketts zu grobmaschig, sie würden einfach hindurchfallen.

Kochplatteneinsatz

Die größte Hitze im Smoker, abgesehen vom Feuer natürlich, ist im Pit am Übergang zur Firebox. Um diese große Hitze zum Kochen zu nutzen, kann dort ein Kochplatteneinsatz eingelegt werden.

Diese massive Stahlplatte liegt auf den Streben für die Roste und kann einen entsprechend großen Topf in einem runden Ausschnitt in der Mitte aufnehmen.

Je massiver und schwerer der Topf, desto besser ist die Hitzeverteilung darin und umso einfacher die Zubereitung der Speisen.

Kochplatteneinsatz, hier bestückt mit einem 12 Zoll Dutch Oven. Schweres Gusseisen ist hier die erste Wahl.

Schürhaken

Der Schürhaken oder Ascheschieber dient, wie der Name schon vermuten lässt, dazu, das Feuer in der Sidefirebox zu schüren bzw. die Scheite zu arrangieren.

Durch seine besondere Form kann man ihn aber auch als Ascheschieber nutzen, der zum Ausräumen der Firebox nach dem Smoken perfekt geeignet ist. Die gerundete Unterseite lässt weder Asche noch Kohlereste zurück und mit der geraden Seite können Kohle und Glut leicht zusammengeschoben werden.

Schürhaken oder Ascheschieber, hier an der Reling eines 16 Zoll Chuckwagon aufgehängt.

Minion-Kohleeinsatz

Benannt nach dem US-amerikanischen Pitmaster Jim Minion ist in diesem Kohleeinsatz die sogenannte Minion-Methode in einem Offsetsmoker umsetzbar.

Die kalten Kohlen werden in die s-förmige Bahn geschüttet und gleichmäßig mit Woodchunks versetzt. Auf einer Seite dieser Kohleschlange kommen jetzt ein paar glühende Kohlen und diese setzen die angrenzenden kalten Kohlen nach und nach in Brand. So frisst sich das Glutnest einmal durch den gesamten Einsatz. Immer mit kleiner Hitze arbeiten und schön langsam, also low and slow ...

Der Minion-Einsatz wird in die Sidefirebox auf den Feuerrost gestellt.

Die doppelten Mittelstege in der Minion-Box verhindern das Übergreifen der Gluthitze, die Kohle kann keine Abkürzung nehmen.

Kalträucherzubehör

Dass ein Smoker zum Heiß- und Warmräuchern bestens geeignet ist, sagt ja schon sein Name. Was aber ist mit Kalträuchern, z. B. für Schinken oder Wurst?

Das Temperaturspektrum beim Kalträuchern liegt zwischen 15 und 25 °C, das bedeutet, dass die Außentemperatur und die Temperatur im Smoker stimmen müssen. Es sollte draußen relativ kühl sein und im Smoker selbst sollte es auch fast keine Hitzeentwicklung geben. Da das bei einem Holzfeuer oder einer Kohleglut nicht geht, gibt es für diesen Fall entsprechende Hilfsmittel:

Cold-Smoke-Generators, CSG, sind gitterförmige Einsätze, in denen Räuchermehl oder Pellets einen schlangenförmigen Weg zurücklegen. Der Brennstoff wird an einer Seite entzündet und brennt langsam ohne nennenswerte Hitze ab.

Smokepipes sind Edelstahlrohre, die an einer Seite geschlossen und auf der Oberfläche mit unzähligen Löchern versehen sind. Sie werden mit Pellets gefüllt, entzündet und im Smoker platziert. Gefüllt mit einigen Pellets, können Smokepipes zum herkömmlichen Smoken mit Kohlen auch direkt in die Glut gelegt werden.

Smokecones ähneln den bekannten Räucherkerzen. Der Kegel wird an der Spitze entzündet und brennt nach unten ab. In der Dose am Boden befinden sich Pellets, die sich dann ebenfalls entzünden und langsam ohne Temperaturentwicklung Rauch abgeben.

Hilfsmittel zum Kalträuchern von oben nach unten: CSG für Pellets, Smokecones, Smokepipes, CSG für Räuchermehl und schließlich ganz unten das Räuchermehl selbst.

Edelstahlarbeitstisch

Für 16 Zoll und 20 Zoll Chuckwagons gibt es hölzerne Arbeitstische, die in die Reling eingehängt werden können. Die praktische Alternative ist ein Arbeitstisch aus Edelstahl mit Ausschnitt für herkömmliche Gastronormbehälter. Dieser kann mit dem dazugehörigen Schneidebrett abgedeckt werden und ist jetzt optimal für Vorbereitungen oder zum Aufschneiden von frisch gesmoketem Fleisch geeignet.

Der Fleischsaft läuft durch die Saftrille einfach in den darunterliegenden Behälter.

Edelstahlarbeitstisch mit 1/1 Gastronormbehälter offen ...

... und mit eingelegtem Schneidebrett.

Laufflächen aus Gummi

Da ein Smoker, der ja nicht gerade zu den Leichtgewichten unter den Grills zählt, mobil ist und sich trotz des hohen Gewichtes leicht versetzen lässt, kann und sollte man diese Eigenschaft bei Bedarf auch ruhig nutzen.

Wenn er dann so über die Terrasse rumpelt, kann es leicht passieren, dass der Bodenbelag, z. B. Fliesen oder Holz, ziemlich in Mitleidenschaft gezogen werden. Um Beschädigungen vorzubeugen, können die 16 Zoll Räder mit Laufflächen aus Gummi bezogen werden.

Sie dämpfen die Abrollbewegung und schonen den empfindlichen Boden.

Gummilaufflächen können auf alle 16 Zoll Räder schnell aufgezogen werden ...

... schonen den Boden ...

... und lassen den Smoker sanfter rollen.

Abdeckhaube

Wer einen teuren Smoker sein Eigen nennt, möchte meist auch den Wert erhalten und ihn deshalb vor Witterungseinflüssen schützen. Schnee, Regen und Sonne machen dem Smoker zwar nichts aus, eine Schutzhaube bietet sich trotzdem an. Es ist wie mit einem Auto, es fährt immer, egal ob es draußen steht oder in der Garage ...

Die Abdeckhauben müssen atmungsaktiv sein, um Staunässe zu vermeiden, gleichzeitig natürlich absolut wasserfest und UV-stabil. Von Vorteil ist eine genaue Passform, dadurch kann man in wenigen Augenblicken seinen Smoker sauber und ordentlich verpacken.

Verhüllungsakt beim 16 Zoll Chuckwagon. Zu zweit geht eben alles besser ... und erst zu dritt ...

Der Winter kann kommen, alles ist sicher verpackt.

Messbecher

Da das BBQ in den United States seine Wurzeln hat, stammen die meisten Rezepte ebenfalls von dort. Liest man solch ein Rezept, fällt schnell auf, dass die Amerikaner nicht mit Gramm oder Milliliter arbeiten, sondern mit Teelöffeln (Teaspoon/tsp.), Esslöffeln (Talbespoon/tbsp.), usw.

Diese Hohlmaße sind genau definiert und es gibt keine „großen" oder „kleinen" Tassen oder Löffel.

Hohlmaße in der Nobelausführung, Cups und Spoons aus feinem Edelstahl.

Die untenstehende Tabelle schlüsselt die jeweiligen Größen in Gramm und Milliliter auf und bringt Licht ins Dunkel:

EINHEIT	Deutsch	Abk.	Größe (UK)	Größe (US)	Liter (UK)		Liter (US)	
saltspoon	Salzlöffel	ssp.	¼ teaspoon		1,11 ml	0,001 109 8 l	1,23 ml	0,001 232 230 399 l
teaspoon	Teelöffel	tsp.	¼ tablespoon	⅓ tablespoon	4,44 ml	0,004 439 l	4,93 ml	0,004 928 921 595 l
dessertspoon		dsp.	2 teaspoons		8,88 ml	0,008 879 l	9,86 ml	0,009 857 843 190 l
tablespoon	Esslöffel	tbsp.	¹⁄₁₆ cup		1,78 cl	0,017 758 l	1,48 cl	0,014 786 764 782 5 l
tea cup	Teetasse	tc.	⅓ pint	¾ cup	1,89 dl	0,189 42 l	1,77 dl	0,177 441 177 l
cup	Tasse	c., cu.	½ pint = 10 ounc	½ pint = 8 ounc	2,84 dl	0,284 13 l	2,37 dl	0,236 588 236 5 l

Kurz gesagt: 3 Teelöffel sind 1 Esslöffel, 1 Tasse sind 16 Esslöffel und eine Tasse sind knapp 240 ml, also ganz einfach ...

Wenn man sich das System allerdings einmal verinnerlicht hat, ist es der einfachste Weg, z. B. Gewürze oder Backzutaten abzumessen. Die Waage ist dabei völlig überflüssig!

Thermometer

Unverzichtbar bei großen Fleischstücken sind Kernthermometer. Es gibt sie in vielen verschiedenen Varianten und mit genauso vielen verschiedenen Funktionen.

Die einfachste Version sind die analogen und sehr trägen Einstichthermometer, die während des ganzen Garprozesses im Fleisch stecken bleiben. Nachteil ist, dass man für jedes Ablesen den Deckel des Smokers öffnen muss und wertvolle Hitze verloren geht. Dasselbe gilt für digitale Highspeed-Einstecher, die nur wenige Sekunden brauchen, um die exakte Kerntemperatur zu messen und anzuzeigen. Aber auch bei Geräten dieser Art muss der Deckel geöffnet werden.

Zum Smoken sind am besten digitale Kernthermometer geeignet, die die Temperatur über eine Sonde im Fleisch messen und durch ein Kabel die Messdaten an ein Display außerhalb des Pits schicken. So

kann man, ohne den Deckel zu öffnen, ständig die Temperatur im Inneren des Fleischstückes überwachen.

Die High-End-Variante in diesem Bereich, ganz speziell für Smoker entwickelt, ist das legendäre Maverick ET 73, bzw. der Nachfolger ET 73/2. Dieses Thermometer misst mit zwei Sonden zum einen die Temperatur im Fleisch und zum anderen die Temperatur im Pit auf der Höhe des Fleisches. Durch einen frei programmierbaren Messbereich warnt es nicht nur bei zu hoher Temperatur im Pit, sondern auch, wenn sie unter einen vorher eingestellten Wert fällt. Dadurch weiß der Smoker (hier ist der Mensch gemeint), wann er den nächsten Scheit auflegen sollte.

Natürlich geht das alles über Funk, so dass man nicht ständig zum Smoker laufen muss, um nach dem Rechten zu schauen.

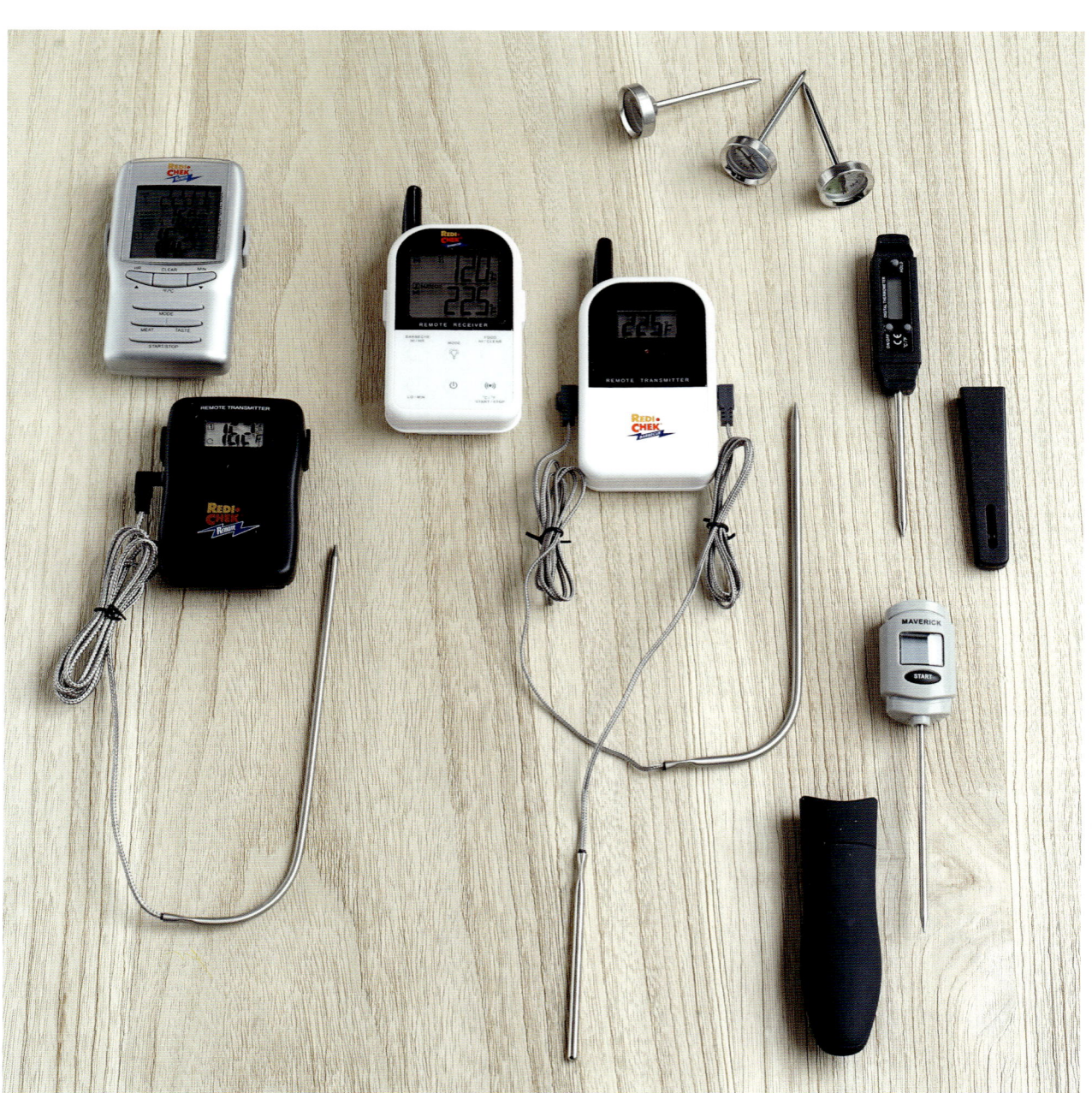

Verschiedene Thermometer, mal mit Funk, mal ohne. Analog und digital.

Die einzige Gemeinsamkeit: Sie zeigen die Temperatur an ...

Im für Smoker untypischen Weiß ist in der Mitte das ET 73/2 mit seinen beiden Kabelsonden am Sender und dem Empfangsteil zu sehen.

Mopps und Spritzen

Beim klassischen BBQ spielen Saucen, Glaces, Injects und Moppsaucen eine sehr große Rolle. Fast alles wird bestrichen, eingepinselt oder sogar gespritzt, die Saucen und Mopps müssen auf die eine oder andere Art auf und in das Fleisch gebracht werden.

Der ursprünglichste Mopp sieht tatsächlich aus wie ein Exemplar, mit dem man den Boden wischt, nur eben viel kleiner. Stofffäden nehmen die Sauce auf und werden dann über das Fleisch gezogen. Der Vorteil ist die Menge an Sauce, die dieser Mopp aufnimmt und er ist deshalb optimal geeignet, um gerade dünnflüssige Saucen auf dem Fleisch zu verteilen.

Der Nachteil ist seine Reinigung: Einmal benutzt, wird er nie wieder richtig sauber. Dadurch wird die Funktion zwar nicht beeinträchtigt, dennoch sollte der Moppkopf öfter gewechselt werden.

Abhilfe schafft ein hygienisch einwandfreier Silikonmopp, der sich genauso reinigen lässt wie ein Silikonpinsel. Durch wesentlich mehr Borsten als bei einem Silikonpinsel ist er aber in der Lage, viel mehr Sauce aufzunehmen und auf das Fleisch zu bringen.

Soll die Marinade oder Sauce, oder einfach nur flüssige Butter in das Fleisch und nicht nur obendrauf, braucht man einen Marinadeninjektor. Hier gibt es ebenfalls eine breite Palette von verschiedenen Modellen. Ein Injektor ist praktisch eine große Spritze, deren Nadel vorn geschlossen ist und die Flüssigkeit durch Öffnungen an der Seite in das Fleisch bringt. Dadurch kann sie beim Einstechen in das Gewebe nicht verstopfen.

Von oben nach unten: Mopp mit Stofffäden, Silikonmopp, Silikonpinsel.

Schüsselchen zum Aufziehen der Injektoren.

Injektoren aus Kunststoff und in der Profiversion aus Stahl mit großem Fassungsvermögen.

Halter/Racks

Es gibt mittlerweile für jedes erdenkliche Lebensmittel den entsprechenden Halter. Ob man jetzt einen Halter für Gemüse oder Würstchen braucht, ist Geschmackssache, als wirklich sinnvoll haben sich aber Halter für Huhn, Fisch und Ribs erwiesen. Während die Hühner- und Fischhalter dazu dienen, die ganzen Tiere frei stehend oder hängend, also ohne Rostkontakt, zu garen, dient das Ribrack zur Platzoptimierung im Smoker.

Ribs sind dünn, flach und haben etwa zur Hälfte Knochen, deshalb nehmen sie beim Smoken einiges an Platz ein und die Grillfläche ist schnell überfüllt. Um platzsparend zu arbeiten, können sie zur Krone eingerollt oder in ein Ribrack eingelegt werden. In einem Ribrack liegen die einzelnen Slabs ohne sich zu berühren schräg übereinander, dadurch können sie immer noch gemoppt oder geglaced werden. Durch die leichte Schräglage bleibt die Sauce, wo sie hin soll, nämlich auf dem Fleisch.

Bei Hühnersitzen haben sich diejenigen Modelle bewährt, die über eine eigene Auffangschale verfügen. Ob Dose oder nicht, hier steht die Stabilität an erster Stelle, der Rest ist Geschmackssache.

Aufräumen im Smoker mit Chickenholder und Ribracks.

Dass man in einem Smoker räuchern kann, versteht sich fast von selbst. Räucherfisch hat eine lange Tradition, ist einfach zu machen und schmeckt selbstgemacht, frisch und warm fantastisch.

Ein geeigneter Halter vereinfacht den Räuchervorgang erheblich, man sollte nur den dem Smoker entsprechenden Halter verwenden. Bei einem Smoker mit normalem Kamin ist ein Fischrack die richtige Wahl. Die ganzen Fische werden hier horizontal aufgespießt und dann direkt in den Pit gestellt.

Besitzt man einen Smoker mit Cooking Stack, z. B. einen Chuckwagon, bieten sich Fischhaken an. Die Fische werden durch das Maul aufgespießt und im Turm zum Räuchern aufgehängt. Siehe Rezepte Seite 140.

Ein freistehender Fischhalter, der auf beiden Seiten mit Fischen bestückt wird, Fischhaken für den Räucherturm und eine Universalhakenleiste für kleine Fische, Räucherwürste oder Schinken.

Zangen, Wender etc.

Ob es sich hierbei um Opas alte Zange aus dem Familienbestand handelt oder eine neue Hightechzange mit Gravitationsverschluss und Beleuchtung – wenn sie angenehm in der Hand liegt und man gut mit ihr arbeiten kann, ist sie perfekt.

Eine gute Zange hat Backen aus Metall, damit man auch mal einen brennenden Scheit oder ein Stück Kohle damit greifen kann. Sie sollte stabil genug sein und ein schweres Stück Fleisch oder ein ganzes Huhn muss sich fest und sicher damit transportieren lassen.

Alles andere liegt im Auge des Betrachters bzw. Benutzers und ist wie so oft Geschmackssache.

Funktionelles Grillbesteck kann durchaus richtig schön sein.

Schutz und Pflege

Hitzefeste Schutzhandschuhe müssen sein! Wer sich einmal am heißen Grill oder Smoker so richtig die Finger verbrannt hat, weiß das aber aus eigener Erfahrung.

Ich trage am liebsten dicke Fingerhandschuhe aus Leder mit langem Stulp. Damit lässt sich auch eine heiße Gusspfanne oder ein Dutch Oven sicher handhaben.

Hitzeisoliert, aber aus Gummi statt aus Leder, gibt es ebenfalls Handschuhe fürs BBQ. Diese dienen aber nicht der Bedienung des Smokers, sondern dem Transport und der Zerpflückung von weichem Fleisch

z. B. von Pulled Pork. In der Tat gibt es BBQ-Gerichte, die im Smoker so weich werden, dass man sie nicht mit einer Zange greifen kann und dafür sind solche Handschuhe die erste Wahl.

Weiches Fleisch hinterlässt Spuren auf den Rosten, und diese müssen entfernt werden. Dazu eignet sich am besten eine Bürste mit Borsten aus Metall. Der Handel bietet eine Vielzahl an Grillbürsten an, hier steht die gute Handlichkeit im Vordergrund. Der andere wichtige Punkt sind die Borsten, so haben fast alle guten Grillbürsten mittlerweile Borsten aus Edelstahl. Die früher oft verwendeten Messingborsten waren zu weich und nutzten sich schnell ab, also lieber Edelstahl kaufen.

Handschuhe zum Pullen und zum Arbeiten, bitte nicht vertauschen ...

REINIGUNG, WARTUNG UND PFLEGE

Reinigung, Wartung und Pflege

Auch, wenn ein anständiger Barrelsmoker wegen seiner üppigen Materialstärke nahezu unzerstörbar ist, braucht er von Zeit zu Zeit etwas Pflege und Zuneigung.

Neben der normalen Reinigung nach dem Smoken, also dem Entfernen von Fett und Asche und der Reinigung der Roste, gibt es noch ein paar Wartungsarbeiten, die ab und zu durchgeführt werden sollten.

Wind und Wetter lassen durchaus deutliche Spuren an Oberfläche und Anbauteilen zurück, wodurch der Smoker nicht unbedingt schöner wird. Die Funktion wird dadurch natürlich nicht beeinträchtigt, denn bis dicker Stahl durchgerostet ist, dauert es eine Weile. Aber die Optik leidet eben, und wenn man ein teures Gerät gekauft hat, soll es ja auch einigermaßen ansehnlich bleiben.

Verrottende Teile aus Holz werden alle paar Jahre einfach ausgetauscht und die Pflege der lackierten Oberflächen ist meist einfacher, als es auf den ersten Blick scheint. Ein Smoker ist ein recht einfach gestricktes, rustikales Gerät und genauso sieht auch die Wartung aus.

Nach kurzer Suche haben wir einen 16 Zoll Chuckwagon gefunden, der 8 Jahre lang das ganze Jahr über direkt am Waldrand stehend seinen Dienst tat. Ohne jede Pflege oder technische Zuwendung sind die Jahre natürlich nicht spurlos an dem guten Stück vorübergegangen. Rost auf den Oberflächen, Moos am kompletten Fahrgestell und Griffe, die nur noch als Feuerholz dienen, sind die Folge.

Nach unserer etwa dreistündigen Intensivkur erstrahlte der Smoker in neuem Glanz und macht seinem Besitzer auch optisch wieder richtig Freude.

Die Wartung und Pflege eines Smokers ist zwar etwas zeitaufwändiger als die regelmäßige Reinigung, muss aber auch erheblich seltener vorgenommen werden.

Hier reicht die Sichtkontrolle. Alles, was nicht gefällt, wird geändert.

Mit den entsprechenden Hilfsmitteln und Ersatzteilen ist es einfach, seinen Smoker dauerhaft schön zu halten. Nach Bedarf können Griffe gewechselt und Roststellen entfernt werden.

Hier wird Schritt für Schritt erklärt und gezeigt, wie ein 8 Jahre alter Chuckwagon von Firebox bis Stack wieder in Schuss gebracht wird.

Nach Jahren in Regen, Schnee und Sonne sind die Holzgriffe verrottet, der Lack ist an manchen Stellen ausgeblichen und an der Firebox sind heftige Roststellen entstanden. Hier ist dringend etwas Zuwendung von Nöten ...

Hier die Baustellen im Einzelnen:

Die Griffe, hier der an der Firebox, sind morsch und rissig. Durch die Stahlachse im Inneren würden sie zwar noch eine ganze Zeit halten, sehen aber nicht mehr gut aus.

Dort, wo der Smoker am meisten Temperatur bildet, befindet sich auch oft der meiste Rost. Deckel und Boden der Firebox sind hier mit Rostflecken übersät und sollten spätestens in diesem Zustand entsprechend entrostet werden.

Harmlos, aber unschön. Moos und Flechten haben sich auf Ablagen und Gestell ausgebreitet, weg damit!

Unter der Tür des Garturms ist der Lack ausgeblichen, der Rost lässt jetzt nicht mehr lange auf sich warten. Leichtes Anschleifen und Überlackieren ist hier die Lösung.

Oben an der Garturmtür ist mit der Zeit einiges an Rauch ausgetreten und hat dort Spuren in Form von Rußablagerungen hinterlassen. Diese machen dem Smoker nichts aus, sind aber nicht besonders schön und lassen sich mit Wurzelbürste und Wasser leicht entfernen.

Das passiert, wenn die Asche nach dem Smoken in der Firebox bleibt. Der Feuerrost ist völlig verrostet, hier hilft nur noch der Austausch. Die Innenseiten der Firebox müssen jetzt auch entrostet werden, ein kniffliges und schwer zugängliches Unterfangen.

Also lieber nicht die Asche in der Firebox lassen!

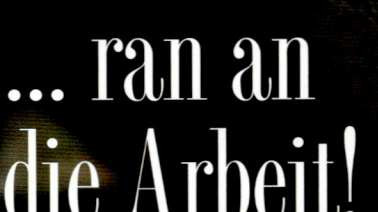

... ran an die Arbeit!

Als erstes werden die Griffe abmontiert, damit sie bei den weiteren Schritten nicht mehr im Weg sind. Benötigtes Werkzeug sind hier ein Hammer und ein herkömmlicher Schlitzschraubenzieher.

... und kann mit einem Hammerschlag, hier natürlich standesgemäß mit einem Spalthammer, gelöst werden.

Sollte die Achse nicht von
ganz allein herausrutschen,
wird sie mit einem Schrau-
benzieher ausgetrieben.

Durch gegenläufige Drehbewegungen
wird die Achse schließlich vollständig
herausgezogen und der Griff samt
Achse entfernt.

Gesteckte Ablagen können leicht abgenommen werden. Nach kurzer Einweichzeit lassen sich die Vermoosungen mit einer harten Wurzelbürste gut entfernen.

Als nächstes wird alles abgewaschen, was abwaschbar ist. Hilfsmittel sind Eimer, Wurzelbürste, Schwamm und Wasser. Keine Grill- oder Backofenreiniger verwenden, allenfalls etwas Spüli.

Wer hat, der kann auch gerne einen Hochdruckreiniger benutzen. Es soll Pitmaster geben, die mit ihren Trailersmokern sogar in Autoselbstwaschanlagen fahren.

Ohne Ablagen schrubbt es sich besser. Der komplette Smoker wird mit Wasser, Seife und Bürste abgewaschen. Bevor es weitergeht, gut trocknen lassen.

Nach dem Waschen und Trocknen geht's dem Rost an den Kragen. Mit Drahtbürste und Schleifpapier kann man hier schon einiges bewirken. Soll es schneller und gründlicher sein, leisten Bohrmaschine mit Bürstenkopf und Exzenterschleifer gute Dienste.

Mit einer groben Drahtbürste werden zunächst die losen Rostteile und kaputter Lack weggebürstet.

Der grobe Rost ist durch die Drahtbürste zwar entfernt, aber weil sie Riefen und Kratzer hinterlässt ...

... wird mit Schleifpapier nachgearbeitet. Am einfachsten geht das mit einem Schleifklotz. Man kann mehr Druck aufbauen und das Ergebnis wird gleichmäßiger.

Mit beiden Händen und Klotz ist es kein Problem, den Lack bis auf den blanken Stahl herunterzuschleifen. Der Rost ist zwar weg, das Material muss jetzt aber sofort wieder geschützt werden.

Vor dem Lackieren muss der Schleifstaub gründlich entfernt werden. Hier hilft wieder die (trockene!) Wurzelbürste oder ein Handbesen.

Ist der Staub entfernt, kann mit dem Lackieren begonnen werden. Natürlich mit hitzefestem Lack und in Mattschwarz. Solche Lacke sind im Fachhandel erhältlich und einfach aus der Sprühdose zu verarbeiten. Im sogenannten Kreuzgang werden mehrere Schichten aufgetragen. Bei Bedarf können auch einzelne Stellen durch einfaches Nachlackieren ausgebessert werden. Man sollte nur vorher immer sicherstellen, dass dort dann kein Rost mehr vorhanden ist.

Frisch lackierte, noch nasse Kochplatte auf der Firebox. Nach dem jeweiligen Antrocknen der einzelnen Schichten kommen noch einmal 3–4 Schichten drauf und sollten dann bis zum Einbrennen, je nach Lack am besten über Nacht, gut durchtrocknen.

Die Montage von neuen Griffen erfolgt in umgekehrter Reihenfolge der Demontage. Als erstes wird die Achse durch die Aufnahmen in den Griff gesteckt. Auf der linken Seite ist schon eine der zwei Befestigungskappen angebracht. Diese werden einfach mit leichten Hammerschlägen auf die Achse geklopft.

Wenn der Smoker gereinigt, geschliffen und lackiert ist, kann nach dem Trocknen des Lackes mit der Montage der Ablagen und der neuen Griffe weitergemacht werden. Die hier verwendeten lackierten Eichengriffe halten wieder für einige Jahre. Wer nie wieder Griffe wechseln möchte, kann auch Griffe aus Edelstahlfedern montieren. Diese bleiben während des Smokerbetriebes kalt und rosten bzw. verwittern nicht.

Die Achse wird vollständig durch den Griff und die linke Aufnahme geführt und ...

... wenn die Achse komplett im Griff steckt, kann die zweite Befestigungskappe aufgebracht werden. Am einfachsten geht das mit diesem Spezialwerkzeug, in das die Kappe genau hinein-passt. Zur Not kann man aber auch zwei Hämmer verwenden oder ein Holzstück, von denen eines als Widerlager dient. Die zweite Kappe wird dann leicht aufgesteckt, mit dem zweiten Hammer oder Holzstück gehalten und von links mit dem Hammer festgeklopft.

Lackierter Smoker, Ablage und ein neuer Griff. Macht schon wieder was her ... Als Vergleich der alte Griff, der jetzt nur noch als Feuerholz dienen wird.

Alter Smoker im neuen Look.
Neue Griffe und ein wenig
Reinigungs- und Lackierarbeit
lohnen sich auf jeden Fall.

Nach der Überarbeitung fehlt jetzt zum perfekten Finish nur noch das Einbrennen.

Je nach Angabe des Lackherstellers muss der Lack 1–2 Stunden bei kleiner Temperatur – wie bei einem Neugerät – eingebrannt werden. Der Lack verbindet sich dann erst richtig mit dem Stahl und stellt den völligen Oberflächenschutz her. Sieht der Smoker nach einiger Zeit etwas matt und stumpf aus, kann er mit etwas Pflanzenöl eingerieben werden. Das feuert die Farbe wieder an und wirkt wie eine Imprägnierung gegen nasses Wetter.

Bei Bedarf können Roste, Thermometer und Fetteimer natürlich auch ausgetauscht werden, der Smoker wäre dann quasi neuwertig. Alle Teile sind als Ersatzteile erhältlich und mit etwas Wartung, Reinigung und Pflege hält ein hochwertiger Smoker ewig.

Ob Roste für Pit, Stack oder Firebox, Griffe oder Thermometer, alles ist als Ersatzteil verfügbar. Unten im Bild ist ein Stahlfedergriff zu sehen. Dieser kann nicht verrotten oder rosten und bei Bedarf gegen die Originale aus Holz ausgetauscht werden.

Reinigung

Da in einem Smoker Lebensmittel zubereitet werden, sollte man für eine gewisse Sauberkeit sorgen. Nach einer mehrstündigen Smoker-session verbleiben außer im Fett-eimer selbst immer noch Fett- und Marinadenreste auf dem Pitboden. An den Rosten kleben Anhaftungen vom Fleisch und die Firebox ist voller Asche, also gilt es, nach dem Smo-ken noch ein paar Dinge zu erledi-gen ...

Nachdem die Edelstahlroste heraus-genommen wurden und in die Kü-chenspüle oder in die Spülmaschine gewandert sind, kommt man gut an den Pitboden heran. Dasjenige Fett, das nicht abgelaufen ist, wird nach dem Erkalten am besten mit einem einfachen Spachtel herausgekratzt. Fettreste, die dann noch am Stahl kleben, können mit Küchenpapier aufgenommen werden. Wenn jetzt noch ein dünner Fettfilm verbleibt, ist das nicht weiter schlimm, etwas Fett schützt den Stahlboden vor Korrosion.

An den oberen Innenseiten wie z. B. den Klappen, also überall dort, wo kein Fett hinkommt, sorgt das bei der Verbrennung entstehende Kon-densat für eine natürliche Schutz-schicht. Diese Patina sollte auf keinen Fall entfernt werden, sie dringt in den Stahl ein, versiegelt ihn und macht ihn unempfindlich gegen Feuchtigkeit.

So wird man schnell sein überflüs-siges Fett los: Mit einem einfachen Spachtel!

Manche Dinge sind so simpel ...

Wenn das Fett kalt ist, stockt es und lässt sich wesentlich sauberer entfernen.

An dieser Stackdoor kann man gut die leicht glänzende Patina erkennen, die natürliche Stahlversiegelung auf der Innenseite.

Nicht vergessen, den Fett-eimer zu leeren! Zum einen läuft er irgendwann über, zum anderen wissen Füchse und Katzen das Fett durch-aus zu schätzen und nehmen ihn entweder einfach mit oder veranstalten eine schöne Sauerei auf der Ter-rasse. Also am besten nach dem Smoken einfach in den Smoker stellen.

Fast noch wichtiger als die Reinigung des Pit, ist die Reinigung der Firebox. Die Asche, die sich hier während des Smokens gebildet hat, beinhaltet Mineralsalze und bindet gleichzeitig Feuchtigkeit. Diese Masse liegt dann auf dem Fireboxboden und lässt diesen von innen nach außen korrodieren.

Mit jedem Smoker wird ein entsprechend großer Ascheschieber ausgeliefert, mit dem das Ausräumen der Firebox kein Problem ist.

Nach dem Erkalten wird die Klappe der Firebox geöffnet und der Feuerrost herausgenommen.

Chemische Reiniger sind bei der Smokerreinigung fehl am Platze, sie würden Fettfilm und Patina angreifen und machen den Stahl für Nässe angreifbar.

Die Reinigung eines Smokers ist also mehr als einfach und in etwa 10 Minuten erledigt. Zeit, die man sich nehmen sollte ...

Dann können mit dem Ascheschieber Asche und Kohlereste durch die offene Klappe ausgeräumt werden. Reste werden mit einem Handfeger entfernt.

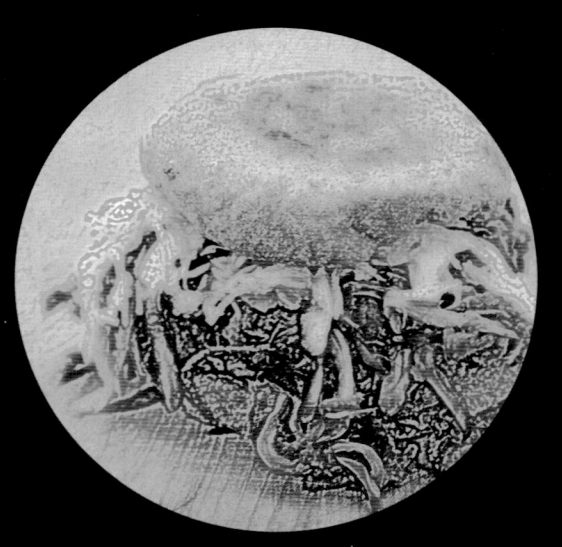

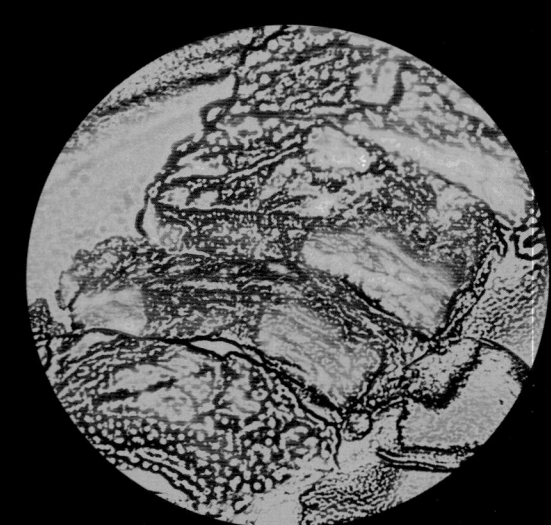

REZEPTE

Classic North Carolinian Pulled Pork

Zutaten:

2		Schweinenacken oder -schultern, je ca. 2,5 kg
2	EL	grobes Salz
2	EL	schwarzer Pfeffer, gemahlen
2	EL	Paprikapulver
1	EL	Knoblauchpulver
1	EL	Cumin
1	EL	Zucker
1	l	essighaltige BBQ-Sauce, eventuell auch mit Essig verdünnen
		zusätzlich Burgerbrötchen und Krautsalat, siehe Rezept Seite 148

Zubereitung:

1. Die trockenen Zutaten für den Rub gut vermischen und beiseitestellen.

2. Das Fleisch mit Küchenpapier abtupfen, dann mit der BBQ-Sauce einreiben und zuletzt den Rub einmassieren. In Frischhaltefolie einwickeln und am besten über Nacht im Kühlschrank ziehen lassen.

3. Am Folgetag das Fleisch in den Smoker legen und bei 110 °C 5 Stunden smoken. Ab jetzt jede Stunde mit etwas BBQ-Sauce bestreichen und auf eine Kerntemperatur von 90 °C bringen, das kann 16–18 Stunden dauern. Die Temperatur im Smoker auf keinen Fall erhöhen!

4. Nach der Garzeit in Alufolie wickeln und in einer Kühltasche (ohne Kühlakkus!) noch mindestens 1 Stunde ruhen lassen.

5. Auseinanderrupfen (pullen), mit etwas Sauce vermischen und im Brötchen mit Krautsalat servieren.

Zutaten:

2–3	kg	Schweineschulter
2	EL	Salz, am besten schwarzes Hawaiisalz
2	EL	Liquid Smoke
4		Bananenblätter

Zubereitung:

1. Die Schulter mit langen, etwa 1 cm tiefen Schnitten versehen und mit Salz und Liquid Smoke einreiben, dabei auch gründlich in die Schnitte einarbeiten.

2. Das Fleisch sorgfältig möglichst dicht in die Bananenblätter einwickeln und mit Küchengarn zubinden, danach zusätzlich in Alufolie packen. Im Kühlschrank über Nacht ziehen lassen.

3. Am Folgetag die Alufolie entfernen und die Schulter in eine flache Wanne oder eine entsprechend große Schüssel mit etwas Wasser legen.

4. Im Smoker bei 110 °C ca. 6–8 Stunden garen. Die Bananenblätter entfernen und das Fleisch zerkleinern. Dazu passen Süßkartoffeln oder einfach etwas Brot.

Kalua Pig

Kochschinken – gesmoked

Zutaten:

1		Kochschinken, ca. 2–3 kg
¼	TL	Nelken, gemahlen
½	TL	Ingwer, gemahlen
1	TL	Senfpulver
1	TL	schwarzer Pfeffer, gemahlen
1	TL	Paprikapulver
1	Tasse	Orangensaft
1	Tasse	Ananassaft
1	Tasse	brauner Zucker

Zubereitung:

1. Den Schinken mit Küchenpapier abtupfen.

2. Alle trockenen Rubzutaten bis auf den braunen Zucker gründlich miteinander vermischen und den Schinken gleichmäßig mit der Mischung einreiben.

3. Orangen- und Ananassaft vermischen, in der Hälfte der Mischung den Zucker auflösen.

4. Nun den Schinken in den Smoker legen und ca. 4 Stunden bei 110 °C smoken. Dabei alle 20 Minuten mit der ungezuckerten Saftmischung bepinseln. In der letzten Stunde die gezuckerte Mischung verwenden, dann bekommt der Schinken eine schöne Farbe und etwas Glanz.

5. Wenn die Kerntemperatur 60–65 °C beträgt, kann der Schinken aus dem Smoker genommen und aufgeschnitten werden.

Ribs mit Senfkruste
4 SLABS

Zutaten:

4	Slabs	Babybackribs
2	Tassen	Senf, am besten Dijon
4	EL	Honig
2	EL	Paprikapulver
2	EL	Zwiebelpulver
1	EL	Knoblauchpulver
1	EL	schwarzer Pfeffer, gemahlen

Zubereitung:

1. Die Ribs putzen und die Silberhaut auf der Innenseite abziehen.

2. Sämtliche Zutaten gut miteinander vermischen und die Ribs dick und gleichmäßig damit einreiben.

3. Etwa 4 Stunden bei 110 °C smoken, bis die Ribs zart sind und sich eine Kruste gebildet hat.

Wachholder Babybacks
4 SLABS

Zutaten:

4	EL	schwarze Pfefferkörner
4	EL	brauner Zucker
1	EL	Senfsaat
2	EL	grobes Meersalz
2	TL	Chiliflocken
10–12		Wachholderbeeren
4		Knoblauchzehen, geschält
7	EL	Öl
7	EL	Balsamico

Zubereitung:

1. Salz und Knoblauch im Mörser zu einer Paste zerreiben.

2. Senfsaat, Pfeffer und Wachholderbeeren dazugeben und alles miteinander zu einer gleichmäßigen Masse zermörsern.

3. Zuletzt je 3 EL Öl und Balsamico einrühren und gut untermischen.

4. Die Silberhaut von den Ribs entfernen und von allen Seiten gründlich mit der Gewürzpaste einreiben. In Frischhaltefolie einpacken und im Kühlschrank über Nacht ziehen lassen.

5. Mit dem restlichen Öl und Balsamico eine Vinaigrette anrühren und beiseitestellen.

6. Die Ribs bei 110 °C 4–5 Stunden smoken, dabei ab und zu mit der Vinaigrette einpinseln.

Aloha State Ribs

4 SLABS

Zutaten:

4	Slabs	Babybackribs
2	Tassen	Ananassaft + 2 Liter Ananassaft extra
2	Tassen	passierte Tomaten
1	Tasse	Zucker
½	Tasse	Sojasauce
½	Tasse	Orangensaft
2	EL	Zwiebelpulver
1	EL	Salz
1	EL	schwarzer Pfeffer, gemahlen
2	EL	Ingwer, gemahlen
		Pfeffer
		Salz

Zubereitung:

1. Sämtliche Saucenzutaten in einem Topf aufkochen und solange reduzieren, bis die Sauce leicht dicklich wird. Beiseitestellen und durchziehen lassen.

2. Die Silberhaut von den Ribs entfernen und für 3–4 Stunden in den 2 Litern Ananassaft marinieren.

3. Nach der Marinierzeit mit Küchenpapier abtupfen, mit Pfeffer, Salz und Ingwerpulver würzen und 4 Stunden bei 110 °C smoken.

4. In Stücke schneiden und mit der aufgewärmten Sauce übergießen.

Schweinefilet aus dem Apfelrauch

Zutaten:

1		Schweine- oder Sauenfilet am Stück
1	TL	Zwiebelpulver
1	TL	Paprikapulver
1	TL	Salz
½	TL	weißer Pfeffer, gemahlen
½	TL	Zimt
½	TL	Muskat
		Olivenöl

Sauce:

2		Äpfel, Gala oder Pink Lady, fein gewürfelt
1	EL	Zucker
½	TL	Zimt
½	TL	Paprikapulver
½	TL	weißer Pfeffer, gemahlen
½	TL	Salz
2	EL	Reisessig

Zubereitung:

1. Das Filet von sämtlichen Sehnen und Häuten befreien und mit etwas Olivenöl einreiben.

2. Die Rubzutaten vermischen und das eingeölte Fleisch gleichmäßig damit einreiben.

3. Bei 110 °C 2–3 Stunden mit Apfelholz smoken, bis eine Kerntemperatur von 68 °C erreicht ist. Dann aus dem Smoker nehmen, in Alufolie einwickeln und 15–20 Minuten ruhen lassen.

4. Inzwischen die Apfelwürfel mit den anderen Saucenzutaten in einem Pfännchen oder einem kleinem Topf erhitzen und solange köcheln, bis die Äpfel schön zart sind.

5. Das Filet in Scheiben schneiden und mit der warmen Apfelsauce servieren.

Beer Brisket

Zutaten:

ca. 4–5 kg	Rinderbrust, pariert
½ l	helles Bier
½ Tasse	Rotweinessig
4 EL	Olivenöl
3	Schalotten, fein gewürfelt
3 EL	Honig
2 TL	Salz
1	Habanero, halbiert und entkernt
	Pfeffer
	Salz
1 EL	Cumin
3 EL	Paprikapulver

Zubereitung:

1. Alle Zutaten gut miteinander vermischen, dabei darauf achten, dass sich Honig und Salz vollständig aufgelöst haben.

2. In einer flachen Schale das Fleisch mit der Marinade begießen und 24–48 Stunden abgedeckt im Kühlschrank darin ziehen lassen. Ab und zu mit der Flüssigkeit übergießen.

3. Aus Pfeffer, Salz, Cumin und Paprikapulver einen Rub herstellen und das abgetropfte Fleisch gleichmäßig damit einreiben. Die Marinade auffangen und beiseitestellen.

4. Das Brisket bei 110 °C im Smoker auf eine Kerntemperatur von 85–90 °C bringen und dabei von Zeit zu Zeit mit der restlichen Biermarinade moppen, bis sie aufgebraucht ist.

5. Nach einer Ruhezeit von 20 Minuten in Alufolie eingewickelt in Scheiben aufschneiden und servieren.

Brisket mit Lorbeer und Knoblauch

Zutaten:

ca. 4–5 kg		ganze Rinderbrust
10	Zehen	Knoblauch, geschält und etwas angedrückt
5		Lorbeerblätter, längs halbiert
20		ganze Pfefferkörner, schwarz
1	Tasse	Rotwein
1	Tasse	Orangensaft
½	Tasse	Wasser
4	EL	Worcestersauce
2	EL	Salz
2	EL	schwarzer Pfeffer, gemahlen

Zubereitung:

1. Sollte die Fettschicht noch auf dem Fleisch sein, wird diese zunächst bis auf ca. 1 cm heruntergeschnitten.

2. Jetzt mit einem spitzen Messer durch die Fettschicht verteilt 10 etwa 3–4 cm tiefe Löcher in das Brisket stechen.

3. In jedes Loch je eine Knoblauchzehe, ein halbes Lorbeerblatt und zwei Pfefferkörner geben.

4. Wein, Worcestersauce und Wasser vermischen und das Fleisch mindestens 4–5 Stunden, am besten über Nacht, darin ziehen lassen. Ab und zu mit der Marinade übergießen.

5. Mit Salz und Pfeffer würzen und mit der Fettseite nach oben bei 110 °C so lange smoken, bis eine Kerntemperatur von 85–90 °C erreicht ist. Das kann in manchen Fällen bis zu 18 Stunden dauern, also genug Zeit einplanen.

6. Vom Smoker nehmen und nach 20-minütiger Ruhephase in Scheiben aufschneiden und servieren.

Cola Flanksteak

Zutaten:

2–2 ½	kg	Flanksteak(s)
1	l	Cola
2	Tassen	Olivenöl
2	Tassen	Apfelessig
6		Knoblauchzehen, grob gehackt
1	EL	schwarzer Pfeffer, frisch gemahlen
2	EL	Sojasauce

Zubereitung:

1. Alle Zutaten für die Marinade mit einem Schneebesen gut miteinander vermischen. Das Öl sollte sich mit Cola und Essig so verbinden, dass es die Konsistenz einer Vinaigrette bekommt.

2. Das Fleisch über Nacht an einem kühlen Ort z. B. im Keller, aber nicht im Kühlschrank, in der Mischung marinieren.

3. Am nächsten Tag die Marinade abtropfen lassen, dabei auffangen und beiseitestellen.

4. Die Steaks bei 110 °C im Smoker für 3–4 Stunden garen, dabei alle 30 Minuten mit der übrigen Marinade bestreichen.

5. Nach der Garzeit aus dem Smoker nehmen, 10 Minuten in Alufolie ruhen lassen und quer zur Faser dünn aufschneiden.

Smoked Beef Ribs

Zutaten:

Ca. 3–3 ½ kg		Beef Ribs
3	EL	Zwiebelpulver
2	EL	Knoblauchpulver
3	EL	Zucker
2	EL	BBQ-Gewürzsalz
1	EL	schwarzer Pfeffer, frisch gemahlen
2	TL	Selleriesalz
1	TL	grobes Salz
2	TL	Oregano, getrocknet
½	TL	Cayennepfeffer
2	TL	Paprikapulver
½	TL	Salbei, getrocknet
½	TL	Muskat
		Öl

Zubereitung:

1. Die Knochenhaut von der Rib-Innenseite entfernen und überschüssiges Fett wegschneiden. Anschließend die Ribs leicht einölen.

2. Alle Zutaten gründlich zu einem Rub vermischen, dann alles gleichmäßig auf den Ribs verteilen und den Rub dabei sorgfältig in das Fleisch einmassieren.

3. Über Nacht in Frischhaltefolie eingepackt durchziehen lassen, das Fleisch kann jetzt die Aromen gut aufnehmen.

4. Im Smoker bei 110 °C 6–8 Stunden smoken, das Fleisch soll sich leicht von den Knochen lösen lassen.

5. Nach der Garzeit in Stücke zerteilen und mit BBQ-Sauce nach Wahl servieren.

Smoked London Broil

Zutaten:

1		Rinderhüfte, 2 ½–3 kg
4	EL	Worcestersauce
4	EL	Apfelessig
4	EL	trockener Weißwein
4	EL	Sojasauce
1	EL	Zwiebelpulver
1	EL	Paprikapulver
1	EL	Selleriesalz
1	TL	schwarzer Pfeffer, frisch gemahlen
½	TL	Cayennepfeffer
½	Tasse	Olivenöl

Zubereitung:

1. Alle Marinadenzutaten bis auf das Öl gut miteinander vermischen, am besten mit einer Küchenmaschine oder einem Handrührer.

2. Das Öl in feinem Strahl in den Mixprozess laufen lassen, es verbindet sich so mit den anderen Flüssigkeiten zu einer Emulsion.

3. Die ganze Hüfte in eine flache Schale legen und mit der Marinade übergießen. Über Nacht in einem kühlen Raum durchziehen lassen, dabei ab und zu drehen.

4. Am nächsten Tag das Fleisch abtropfen lassen und bei 110 °C im Smoker 4–6 Stunden garen. Die Kerntemperatur sollte 62 °C nicht überschreiten.

5. In Alufolie eingepackt noch 20 Minuten ruhen lassen und dann dünn quer zur Faser in Scheiben schneiden und servieren.

Tri Tip oder Bürgermeisterstück

Zutaten:

2		Bürgermeister- oder Pastorenstücke, je ca. 1–2 kg
1	TL	Knoblauchpulver
2	TL	Zwiebelpulver
2	TL	Oregano, getrocknet
1	EL	Cumin
1	EL	Chiliflocken
1	EL	schwarzer Pfeffer, frisch gemahlen
4	TL	Salz

Zubereitung:

1. Sämtliche Zutaten bis auf das Salz gut miteinander vermischen und beiseitestellen.

2. Je 2 TL Salz auf den Tri Tips verteilen und etwas einreiben. Zum Wasserziehen ein paar Minuten stehen lassen und sobald das Fleisch feucht ist, den Rub darauf verteilen und gründlich einmassieren.

3. Im Smoker bei 110 °C garen, bis die gewünschte Kerntemperatur erreicht ist. Das dauert für medium-rare etwa 2–2 ½ Stunden, je nachdem, wie dick das Stück ist.

4. Quer zur Faser aufschneiden und in dünnen Scheiben servieren. Schmeckt auch kalt auf Brot sehr gut.

Smoked Rolled Roastbeef

Zutaten:

3	kg	Roastbeef am Stück
2	Tassen	Rindfleischfond
2	Tassen	Weißweinessig
4	EL	Zwiebeln, granuliert
1		Limette, in dünnen Scheiben
10		Gewürznelken
4		Pimentkörner
4		Lorbeerblätter
10		Pfefferkörner, schwarz
3	TL	Würzsalz

außerdem:

Bratenschnur

Zubereitung:

1. Sehne und Kette vom Fleisch entfernen und mit der Braten-schnur in eine runde, gleichmäßige Form binden und in eine flache Marinierschale legen.

2. Alle anderen Zutaten vermischen und über das Fleisch gießen. 4–5 Stunden marinieren und dabei ab und zu wenden und mit der Marinade übergießen.

3. Bei 110 °C etwa 4–6 Stunden smoken, die Kerntemperatur sollte 62 °C für medium nicht überschreiten.

4. 20 Minuten in Alufolie eingepackt ruhen lassen und in Scheiben aufgeschnitten servieren.

Zutaten:

2	kg	Hähnchenflügel
2 ½	EL	schwarzer Pfeffer, frisch gemahlen
1	EL	Zwiebelpulver
1	EL	Knoblauchpulver
2	EL	Chilipulver
2	EL	Chiliflocken
1	EL	Salz
etwas	Öl	
		süße BBQ-Sauce nach Geschmack

Zubereitung:

1. Am Vortag alle Marinaden-Zutaten gut vermischen, die Wings in einem Gefrierbeutel darin einlegen und über Nacht im Kühlschrank ziehen lassen.

2. Den Smoker auf 120–130 °C bringen und die Wings auf dem Rost im Pit platzieren. Den Deckel schließen und etwa 2 Stunden smoken.

3. Wenn beim Einstechen mit einem Messer der Fleischsaft klar ist, sind die Wings fertig. Jetzt großzügig mit der BBQ Sauce bestreichen und für weitere 20–30 Minuten smoken.

4. Mit zusätzlicher BBQ-Sauce heiß servieren und ausreichend Servietten bereitlegen. Wem dieses Rezept zu scharf ist, der reduziert einfach die Menge an Chili.

Hot & Sweet
Chickenwings

Brined Dragon Drumsticks

Zutaten:

8		Putenunterkeulen

Brine:

2	l	Wasser
1	Tasse	Salz
½	Tasse	Zucker
2	EL	Zwiebelpulver
2	EL	Chilipulver
1	EL	Knoblauchpulver
1	EL	Paprikapulver
1	EL	schwarzer Pfeffer, frisch gemahlen
1	TL	Cumin

Rub:

3	EL	Zwiebelpulver
2	EL	Paprikapulver
1	TL	schwarzer Pfeffer, frisch gemahlen
1	TL	Cumin
1	EL	Knoblauchpulver
etwas		Öl

Zubereitung:

1. Sämtliche Zutaten für die Brine in einem Topf mischen, aufkochen und gut abkühlen lassen. Die Putenkeulen in die kalte Brine geben und ca. 6 Stunden im Kühlschrank ziehen lassen. Danach aus der Brine nehmen und mit Küchenpapier trocken tupfen.

2. Die Zutaten für den Rub gründlich mischen und die Putenkeulen gleichmäßig damit einreiben.

3. Jetzt den Smoker auf 120 °C bringen und die Keulen hineinlegen.

4. 4–6 Stunden smoken, bis sich das Fleisch leicht vom Knochen lösen lässt.

5. 10 Minuten in Alufolie auf einem Holzbrett außerhalb des Smokers ruhen lassen und noch warm servieren.

FORELLEN UND DIE MEISTEN ANDEREN FISCHE KOMMEN BEIM RÄUCHERN MIT WENIGEN ZUTATEN AUS. HIER KOMMT NUR PFEFFER, SALZ UND NATÜRLICH RAUCH ZUM EINSATZ.

Texas Kaviar 6–8 PORTIONEN

Zutaten:

2	Tassen	Kuh- oder Augenbohnen, weichgekocht
4	EL	Weißweinessig
½	Tasse	Olivenöl
2		Knoblauchzehen, fein gehackt
½	TL	Senf
1	TL	schwarzer Pfeffer, frisch gemahlen
1		Chilischote, fein gehackt
2		Lauchzwiebeln, in feinen Ringen
1	Stange	Sellerie, fein gewürfelt
1	TL	Salz

Zutaten:

1. Essig, Öl, Knoblauch, Senf, Pfeffer und Salz gut miteinander zu einer glatten Emulsion verrühren.

2. Die restlichen Zutaten dazugeben und alles gründlich vermischen. Luftdicht verschließen und am besten über Nacht ziehen lassen. Währenddessen ab und zu kräftig durchrühren.

Smoked Rice Pilaf 6 PORTIONEN

Zutaten:

500 g		Reis
1		grüne Paprika, klein gewürfelt
4	EL	Butter
2	Tassen	Geflügelfond, heiß
1	Dose	gehackte Tomaten mit Saft
1		Zwiebel, fein gewürfelt

Zubereitung:

1. In einem Topf die Butter schmelzen und die Paprika- und Zwiebelwürfel darin dünsten, bis die Zwiebeln glasig sind.

2. Den Reis zugeben und nochmal 5–7 Minuten dünsten.

3. Die Tomaten dazugeben und heiß werden lassen, dann den Geflügelfond dazugeben und den Topf in den Smoker stellen.

4. So lange garen, bis die Flüssigkeit vom Reis aufgenommen ist. Dabei ab und zu umrühren.

5. Mit Pfeffer und Salz abschmecken und servieren.

Gefüllte Zwiebeln

Zutaten:

4		große Metzgerzwiebeln
4	EL	Butter
4	EL	Speckwürfel
		BBQ-Sauce nach Geschmack
		Salz
		Pfeffer

Zubereitung:

1. Die Zwiebeln schälen und so aushöhlen, dass eine Wandstärke von ca. 2 cm stehen bleibt.

2. Butter und Speckwürfel miteinander verkneten, mit Salz und Pfeffer abschmecken und zu gleichen Teilen in die Zwiebeln füllen.

3. Mit BBQ-Sauce auffüllen und einzeln schön dicht in Alufolie einwickeln.

4. In der Firebox direkt neben der Glut ca. 20 Minuten garen, dabei ab und zu so drehen, dass alle Seiten gleichmäßig weich werden. Drucktest!

5. Heiß in der Folie servieren.

Homemade Smoky Almonds

Zutaten:

2	Tassen	ganze Mandeln, geschält, ungesalzen
4	EL	Butter
1	EL	Kräutersalz
2	TL	Zucker
½	TL	Zwiebeln, granuliert

Zubereitung:

1. Die Butter zerlassen, die Mandeln dazugeben und gut umrühren. Vom Feuer nehmen und 10 Minuten ziehen lassen, dabei von Zeit zu Zeit umrühren.

2. Salz, Zucker und Zwiebelgranulat in einem Mörser zu einem feinem Pulver zermahlen, je feiner desto besser.

3. Die Mandeln in einem Sieb abtropfen lassen und dann gleichmäßig mit dem Würzpulver überziehen.

4. In eine flache Schale nebeneinander geben und bei 110 °C etwa 30 Minuten rösten, bis sie schön braun sind.

5. In einem luftdichten Gefäß lagern oder noch besser: sofort essen.

Crusty Mac'n Cheese **8 PORTIONEN**

Zutaten:

500	g	Makkaroni, al dente gekocht
350	g	würziger Cheddar, gerieben
350	g	milder Cheddar, gerieben
2	TL	Salz
½	TL	Cayennepfeffer
4	EL	Butter, in Flocken
200	ml	Sahne

Zubereitung:

1. Eine entsprechend große, feuerfeste, flache Auflaufform mit etwas Butter ausstreichen.

2. Je zwei Drittel der beiden Käsesorten, Cayennepfeffer und Salz vermischen und unter die Nudeln heben, den restlichen Käse beiseitestellen.

3. Die Nudelmischung in die Form geben, sodass der Boden gleichmäßig bedeckt ist, und dann die Sahne aufgießen.

4. Jetzt den restlichen Käse und zum Schluss die Butterflocken darauf verteilen.

5. Bei 200 °C etwa 40 Minuten backen, bis die Makkaronispitzen knusprig sind und der Käse schön gebräunt ist.

6. Zum Schluss mit Pfeffer und Salz würzen und heiß servieren.

Chilibeans **10 PORTIONEN**

Zutaten:

500 g		Kidneybohnen aus der Dose
250 g		Chilibohnen aus der Dose
250 g		weiße Bohnen aus der Dose
3		Zwiebeln, fein gewürfelt
2	Dosen	Schältomaten, gewürfelt
3	TL	Chilipulver
4	EL	Worcestersauce
4	EL	brauner Zucker
3	EL	Senf
2	TL	Salz

Zubereitung:

1. In einem Topf zuerst die Zwiebeln und den Speck solange anbraten, bis die Zwiebeln etwas Farbe angenommen haben.

2. Die Bohnen abgießen und mit in den Topf geben. Für 5 Minuten mitdünsten.

3. Alle anderen Zutaten dazugeben und alles gründlich miteinander vermengen.

4. 2–3 Stunden leise köcheln lassen und dabei öfter umrühren.

Classic
Coleslaw

Zutaten:

500 g		Weißkohl, fein geschnitten
8		Frühlingszwiebeln mit Grün, in feinen Ringen
5	EL	Zucker
1	TL	Salz
½	TL	schwarzer Pfeffer, frisch gemahlen
4	EL	Milch
½	Tasse	Mayonnaise
4	EL	Buttermilch
2	TL	Weißweinessig
3	TL	Limetten- oder Zitronensaft

Zubereitung:

1. Weißkohl und Frühlingszwiebeln miteinander vermischen.

2. In einer zweiten Schüssel alle anderen Zutaten gut miteinander vermengen und abschmecken.

3. Die Mischung über den Zwiebel-Kohlmix geben und gleichmäßig unterziehen. Für mindestens 2 Stunden zum Durchziehen in den Kühlschrank stellen.

4. Vor dem Servieren noch einmal gründlich vermengen. Der Salat passt sehr gut zu Pulled Pork.

Chocolate Cupcake

6 CUPCAKES

Zutaten:

100 g	Schokolade 70 % Kakao, zerkleinert	
100 g	weiche Butter	
150 g	Zucker	
3	Eier, verquirlt	
40 g	Mehl	

Zubereitung:

1. Die Schokolade und die Butter schmelzen und verrühren.

2. Die Eier und den Zucker schaumig schlagen und mit der Schokoladenmasse mischen.

3. Das Mehl unterheben und in gebutterte und gezuckerte Tassen oder Muffinformen füllen.

4. 13 Minuten bei 200 °C ausbacken.

Pfirsich Cobbler

4–6 PORTIONEN IM 12ER DUTCH OVEN

Zutaten:

2	große Dosen	Pfirsiche, bei einer Dose den Saft weggießen
300 g		Mehl
150 g		Zucker
1	TL	Salz
2–3	TL	Backpulver
250 ml		Milch
150 g		flüssige Butter
1	TL	Zimt
1	TL	Vanillearoma
		Butterflocken
		brauner Zucker

Zubereitung:

1. Das Mehl mit dem Backpulver und dem Zucker mischen, Milch, Zimt, Vanille und Butter zugeben und alles glattrühren.

2. Die Pfirsiche in Stücke schneiden und mit dem Saft einer Dose in einen 12er Dutch Oven geben.

3. Den Teig gleichmäßig über die Früchte geben und mit Butterflocken und braunem Zucker bestreuen.

4. Erst mit Unterhitze backen, bis die Früchte kochen, dann mit Oberhitze weiterbacken, bis der Cobbler eine braune Kruste bekommt.

Chocolate Crust

4 PORTIONEN

Zutaten:

6	EL	Butter
½	Tasse	dunkle Schokokekse, zerkrümelt
50 g		halbbittere Schokolade
½	TL	Salz

Zubereitung:

1. Eine flache Form mit etwas Butter ausstreichen und beiseitestellen.

2. Butter und Schokolade zusammen schmelzen, dabei immer gut umrühren. Am einfachsten ist es im Wasserbad.

3. Die Kekskrümel mit der Schokomischung und dem Salz gründlich vermengen, alles in die Form geben und etwas andrücken.

4. 30 Minuten im Kühlschrank stocken lassen und kalt servieren.

Pancake mit Blaubeeren 4 PORTIONEN

Zutaten:

100 g		Zucker
30 g		Butter
50 ml		Mineralwasser mit Kohlensäure
50 ml		Milch
150 g		Mehl
½	Paket	Backpulver
1	Msp.	Salz
100 g		Blaubeeren
2		Eier
		Puderzucker im Streuer

Zubereitung:

1. Die Eier und den Zucker schaumig schlagen und die weiche Butter einrühren.

2. Die Milch, das Mineralwasser und das Salz untermischen.

3. Das Mehl und das Backpulver dazugeben und alles zusammen zu einem glatten, klumpenfreien Teig mixen.

4. Die Blaubeeren vorsichtig unterheben, ohne sie zu beschädigen.

5. Den Teig 30 Minuten lang quellen lassen.

6. In einer gut gefetteten Gusspfanne auf der Sidefirebox oder direkt in der Glut backen, bis die Unterseite sich lösen lässt, wenden und fertig backen.

American Cheesecake

4 PORTIONEN

Zutaten:

100	g	Keksbrösel, z. B. Butterkeks
350	g	Frischkäse
5	g	Vanillepulver
60	g	Butter, zerlassen
50	g	Zucker
2		Eier
		Abrieb von ¼ Zitrone

Zubereitung:

1. Eine kleine feuerfeste Auflaufform mit Backpapier auslegen.

2. Keksbrösel mit der Butter vermischen und gleichmäßig dick am Boden der Auflaufform festdrücken.

3. Bei ca. 180–200 °C etwa 7 Minuten backen und anschließend etwas abkühlen lassen.

4. Inzwischen das Ei mit dem Zucker, dem Vanillezucker und dem Zitronenabrieb schaumig schlagen. Den Frischkäse mit dem Vanillepulver glattrühren. Die Käsemasse unter die Eimasse heben.

5. Die Masse auf dem Keksboden verteilen und glattstreichen.

6. 40 Minuten bei 160 °C backen, bis die Masse gestockt ist.

Cinnamon Rolls

CA. 18 STÜCK

Zutaten:

Teig:

50	g	Butter, geschmolzen, abgekühlt
300	ml	lauwarme Milch
1		Ei
1	EL	Zucker
½	TL	Salz
1	Paket	Vanille-Puddingpulver
500	g	Mehl
1	Päckchen	Trockenhefe

Füllung:

75	g	weiche Butter
100	g	brauner Zucker
2	TL	Zimt
100	g	gehackte Wal- oder Pecannüsse

Dekoration:

200	g	Krokant (z. B. Haselnusskrokant)
		Vanillesauce

Zubereitung:

1. Alle Teigzutaten gründlich vermischen und solange kneten, bis ein elastischer Hefeteig entsteht. Abdecken und an einem zugfreien, warmen Ort etwa eine Stunde gehen lassen.

2. Zu einem großen Rechteck ausrollen, großzügig mit der weichen Butter bestreichen und mit Zimt, Zucker und Nüssen bestreuen.

3. Von der langen Seite her aufrollen und dann die Rolle quer in ca. 2 cm dicke Scheiben schneiden. Die Teigschnecken in einen Dutch Oven oder eine entsprechende Backform mit etwas Abstand zueinander legen und nochmals etwa 1 Stunde gehen lassen.

4. Bei 180–200 °C 15–20 Minuten backen und mit Vanillesauce und Krokant noch warm servieren.

Beeriger Brotpudding

4 PORTIONEN

Zutaten:

1	Laib	Brioche oder Weißbrot, in etwa 2 cm große Würfel geschnitten
3		Eier
200 ml		Sahne
250 ml		Milch
200 g		brauner Zucker
½ TL		Kardamom
30 ml		Rum
200 g		Brombeeren
200 g		Himbeeren
4 EL		Butter, zerlassen
		Vanillearoma
1	Prise	Zimt

Zubereitung:

1. Alle Zutaten bis auf Zucker, Brot und Beeren in eine Schüssel geben und verrühren. Dann 150 g Zucker zugeben und in der Masse auflösen.

2. Die Brotwürfel dazugeben und vorsichtig unterheben. 30 Minuten einweichen lassen, bis sich das Brot schön vollgesaugt hat.

3. Jetzt die Beeren zugeben und ebenfalls sehr vorsichtig unterheben, sie sollten möglichst ganz bleiben. Dann in eine gefettete Auflaufform geben und mit dem restlichen Zucker bestreuen.

4. Bei ca. 160 °C ca. 30 Minuten backen, bis die Oberseite braun und knusprig ist. Am besten heiß mit etwas Vanilleeis servieren.

Buttermilch Pie

4 PORTIONEN

Zutaten:

1	Tasse	Buttermilch
2		Eier, verquirlt
1	Tasse	Rohrzucker
2	EL	Butter, zerlassen
2	EL	Mehl
½	TL	Salz
1	TL	Vanillearoma
1	EL	Limettenabrieb
		Muskat

Zubereitung:

1. Eier und Zucker in einer Rührschüssel vermischen, dann alle anderen Zutaten dazugeben und alles gut verrühren.

2. Den Teig in eine entsprechend große, gefettete Pieform legen und die Ränder andrücken. Dann die Buttermilchmasse darauf verteilen und mit etwas Muskat abschmecken.

3. Bei 180–200 °C etwa 25 Minuten backen, bis der Pie fest geworden ist.

Register

16 Zoll Chuckwagon   54, 55, 56, 57, 58, 59, 96
16 Zoll Longhorn   51, 52, 53
16 Zoll Reverseflow   52
16 Zoll Special   49, 50, 51
16 Zoll Tradition   25, 30, 48
20 Zoll Catering   27
20 Zoll Championchip Longhorn   53
20 Zoll Chuckwagon Catering   38, 54
24 Zoll Catering   27, 30
24 Zoll Chuckwagon Extended Trailer   38

A

Abdeckhaube   86
Abdeckkappe   43
Abluftklappe   57
Abzug   26, 31, 41
Ahorn   64, 65
Airflow   36
Almonds, Homemade Smoky   144
Analog   88
Anfeuerholz   18
Anfeuern   18, 21
Anzünder   18, 19, 21, 67
Anzündkamin   21, 66
Anzündmittel   65
Anzündvorgang   19, 66
Apfel   63
Aromapellets   (siehe Pellets)
Ascheschieber   114, 115

B

Backen   63
Barrelsmoker   12, 49, 96
Bauholz   65
BBQ   14
Beef Jerky   15
Betriebstemperatur   24, 27
Bindemittel   66
Brandbeschleuniger   66
Branding   75
Brenndauer   30, 65, 66
Brennholzablage   51
Brennraum   69
Brennstoff   30, 31, 47, 62, 64, 67, 77, 83
Brennstoffverbrauch   30, 50
Brennverhalten   65
Brennwert   30
Bricksmoker   15
Brikett   (siehe Grillbrikett)
Brisket
- Beer   128
- mit Lorbeer und Knoblauch   129
Brotpudding, Beeriger   157
Buche   63, 64, 65
Bürgermeisterstück   (siehe Tri Trip)
Bürste   75
Buttermilch Pie   157

C

Cateringsystem   34, 36, 37, 54
Cheesecake, American   154
Chickenholder   (siehe Hühnersitz)
Chicken Wings, Hot & Sweet   136
Chilibeans   147
Chips   23, 24, 62, 68, 69, 79
Chocolate Crust   152
Chocolate Cupcake   150
Chunks   23, 62, 67, 68, 69, 79
Cinnamon Rolls   156
Cold-Smoke-Generators   83
Coleslaw, Classic   148
Convection Plate   36, 39, 41, 73, 74
Convection Tube   36
Cooking Stack   26, 27, 28, 31, 36, 54, 55, 56, 91

D

Deckel   32, 35, 47, 50, 53, 58
Deckelhalter   20, 48, 50, 51, 78
Digital   88
Direktgrill   46
Direktgrillen   36
Drumsticks, Brined Dragon   138

E

Eiche   63, 64, 65
Eimer   48
Einbrennen   111
Erle   63, 64
Eukalyptus   65

F

Fahrgestell   48
Fassdauben   64, 68
Fett   96
Fettablauf   40, 47, 48
Fetteimer   47, 50, 51, 53, 54, 111, 112
Fetteimerstutzen   58
Feuer   18, 27, 31, 32, 36, 37, 62
Feuerrost   18, 82, 114
Fichte   65
Firebox   (siehe Sidefirebox)
Fireboxdeckel   24
Fisch   63
Fischhalter   91
Flammenblech   35, 73
Flanksteak, Cola   120
Flansch   35, 36
Flowplate   39, 40, 41, 42
Frontablage   47, 48, 50, 51
Funkthermometer   88

G

Garkammer   25, 28, 40, 55, 58, 74
Garraum   (siehe Garkammer)
Garraumthermometer   29

Garturm	53, 54, 56, 98
Geflügel	63
Gemüse	63
Glut	20, 21, 22, 24, 27, 28, 50, 62, 67, 68, 69, 72, 81
Glutnest	21, 82
Gravitationsverschluss	92
Grill	25, 72
Grillbesteck	92
Grillbrikett	21, 22, 30, 62, 66, 67, 68, 79
Grillbürste	93
Grillhandschuhe	22, 32
Grillrost	36, 41, 51, 75
Gummilauffläche	85
Gusseisen	75

H

Halfbarell	46, 47
Halter	90
Handschuhe	(siehe Grillhandschuhe)
Hartholz	(siehe Holz)
Hickory	63, 64, 65
Hitzebild	66
Hitzequelle	25, 55, 76
Hitzerohr	35, 36
Hitzespeicherung	73
Hitzesteuerung	31
Hohlmaße	87
Holz	18, 19, 23, 29, 30, 31, 33, 62, 63, 64, 65, 67, 78
Holzarten	63, 64
Holzkohle	(siehe Kohle)
Holzrauch	62, 64
Holzscheit	18, 50, 65, 88
Holzwolleknäuel	18
Hühnersitz	90

I

Injektoren	89

K

Kabelsonde	88
Kalträucherzubehör	83
Kalua Pig	120
Kamin	22, 26, 27, 29, 31, 42, 58
Kamineffekt	21, 25, 30, 31, 53
Kaminrohr	48
Kaminzugeffekt	(siehe Kamineffekt)
Kernthermometer	(siehe Thermometer)
Kirschbaumchips	23
Kirsche	63, 64
Klappen	32
Kochplatte	50, 53, 54, 58, 77, 107
Kochplatteneinsatz	80
Kochschinken	122
Kohle	18, 21, 22, 23, 29, 30, 46, 62, 66, 67, 69, 79, 81, 82, 92

Kohleeinsatz	22, 62, 72, 79
Kohlegrill	23
Kohleschieber	50, 51, 56, 72
Kontergewicht	53
Konvektion	73

L

Lamm	63
Leimholz	(siehe Bauholz)
Lüfter	27, 50, 53
Lüfterklappe	33, 47, 58
Lüftungsloch	50
Lüftungsschieber	26, 32, 47, 48
Luftdruck	30
Luftfluss	39, 52, 53
Luftsteuerung	34
Luftstrom	27, 28
Luftzug	25, 27

M

Mac'n Cheese, Crusty	146
Mangrate	75
Mesquite	63, 64
Messbecher	87
Minion-Kohleeinsatz	82
Minion-Methode	30
Mopp	65, 72, 89

N

Nadelgehölze	65
Nussbaum	64, 65

O

Oberflächenschutz	111
Obstholz	65
Offsetsmoker	25, 28, 48, 66, 82
Ölfass	46

P

Pancake mit Blaubeeren	153
Pellets	23, 24, 69, 79, 83
Pekan	64
Pfirsich	64
Pfirsich Cobbler	152
Pflaume	64
Pflege	93
Pinie	65
Pinsel	72, 89
Pit	20, 23, 25, 26, 27, 28, 29, 34, 35, 36, 37, 39, 41, 50, 51, 52, 53, 54, 55, 56, 58, 73, 74, 75, 88, 111, 114
Pitklappe	38
Pitmaster	29
Plate	(siehe Convection Plate)
Pulled Pork, Classic North Carolinian	118

R

Rack	90
Rauch	23, 28, 31, 33, 55, 62, 63, 68, 83, 98
Rauchbildung	24
Rauchabzug	28, 55
Rauchentwicklung	78
Rauchgeschmack	24, 29, 33, 64, 65, 68
Rauchklappe	33
Rauchrohr	26
Rauchrohrklappe	31
Räuchermehl	83
Räuchern	12, 58
Räucherturm	50, 51, 55, 56, 91
Regen	30
Reverseflow	39, 41, 52
Ribrack	(siehe Rack)
Rind	63
Rinde	64, 65
Rost	96, 97, 98, 105, 111
Rostkontakt	90
Ribs	
- mit Senfkruste	123
- Wacholder Babybacks	123
- Aloha State Ribs	124
- Smoked Beef	132
- Smoked London Broil	133
Rice Pilaf, Smoked	141
Roastbeef, Smoked Rolled	134
Rub	65
Rundrost	58
Rußablagerung	98

S

Sauerstoffzugabe	33
Scheit	(siehe Holzscheit)
Schieber	32, 34, 35, 36, 37, 54
Schürhaken	80
Schutz	93
Schutzhandschuhe	93
Schwenkarm	76
Schwein	63
Schweinefilet aus dem Apfelrauch	126
Schwenkarm	47, 50, 56
Sidefirebox	20, 23, 25, 26, 27, 28, 29, 30, 32, 33, 35, 36, 37, 39, 41, 47, 48, 50, 51, 53, 55, 56, 58, 65, 73, 77, 79, 81, 82, 97, 98, 101, 107, 111, 112, 114
Sloppy Joe	47, 48
Smokecone	83
Smokepellets	(siehe Pellets)
Smokepipe	83
Sonne	29
Spritze	89
Stack	26, 34, 55, 58, 97, 111, 112
Streckmittel	66
Streichholz	19

T

Tanne	65
Temperatur	30, 36, 58, 83, 88, 98
Temperaturabfall	29
Temperaturkontrolle	48

Temperaturregelung 31, 54

Temperaturregelung	31, 54
Texas Kaviar	141
Thermometer	72, 88, 111
Thuja	65
Toolbar	47, 48, 50, 53
Topfgalgen	76
Trailersmoker	38
Tri Trip	133

U

USA	14, 15

V

Verbrennung	27, 33

W

Wandstärke	29, 46
Wärmeströmung	73
Weinreben	64
Wender	72, 92
Whiskeyfassdauben	67
Whole Hog Cocker	14
Wind	29

Z

Zange	72, 92
Zeder	65
Zuluft	53
Zuluftöffnung	26
Zuluftregelung	50
Zwiebeln, Gefüllte	142